Reiseführer Natur Island

Büchergilde Gutenberg

Winfried Wisniewski

Reiseführer Natur
ISLAND

Bildnachweis

W. Bittmann: 96
R. Cramm: 107 o
W. Layer: 63 M, 101 u, 107 u, 133 ul,
H. Meinecke/Biofoto: 53
G. Moosrainer: 36 u
E. Pott: 50, 54 M, 54 u, 67 ol, 67 ur, 80, 91, 101 o, 105 o, 119 M, 132 ul
U. und J. Schimmelpfennig: 69, 73 o, 86 u, 121 o, 121 u, 133 ur
N. Schwirtz: 131 u
M. Siepmann: 11, 12, 132 o
G. Rüppel: 142
H. Weyer: 108
K. Wothe: 94 u, 111 ol, 129 o
Alle anderen Fotos: W. Wisniewski
Grafik S. 89: Barbara v. Damnitz

Foto Seite 1: Geysir Strokkur (Haukadular)
Foto Seite 2/3: Lavawasserfälle (Hraunfossar)

Text zum Naturschutzgebiet Hornstrandir (N3) nach Angaben von R. Bangert

Lizenzausgabe für die Büchergilde Gutenberg, Frankfurt am Main, Wien, mit freundlicher Genehmigung der BLV Verlagsgesellschaft mbH, München

Umschlaggestaltung: Eckard Warminski, Büdingen
Karten: Vierthaler + Braun, Grafik und DTP, München
Redaktionelle Mitarbeit: Dr. Einhard Bezzel, Prof. Dr. Josef H. Reichholf
Lektorat: Dr. Friedrich Kögel
Layout: Volker Fehrenbach
Herstellung: Hermann Maxant
Reproduktion: Fotolito Longo, Frangart
Satz und Druck: Appl, Wemding
Bindung: Bückers GmbH, Anzing

Printed in Germany · ISBN 3 7632 4078 0

Inhalt

Einführung

Hauptreiseziele

Nebenreiseziele

Reiseplanung

Anhang

Essays

Zum Geleit

Reiseführer Natur – eine Chance für den sanften Tourismus?

Dem Massentourismus ist sehr viel Natur zum Opfer gefallen. Der Versuch, der Unwirtlichkeit der Städte und der Industriegesellschaft in eine »intakte Natur« für die kostbarsten Wochen des Jahres zu entfliehen, mißlang gründlich. Denn der Ruhe, Entspannung und Naturgenuß suchende Mensch wurde im Touristikboom schnell wieder in die Massen einbezogen und beinahe zu einer »Ware« degradiert. Der zähe Brei des Massentourismus wälzte sich, da er fortlaufend seine eigenen Existenzgrundlagen zerstört, immer weiter hinaus bis in die letzten Winkel der Erde. Mit größter Sorge betrachteten Naturschützer in aller Welt diese Entwicklung und versuchten – vergeblich – sich dagegen zu stemmen. Sie waren und sind machtlos gegen die Flut, die über sie und die wenigen geschützten Gebiete hereinbrach. Die Naturschützer hatten so gut wie keine Chancen, die Natur vor dem Massenansturm zu bewahren.

So wurde denn der Tourismus in Bausch und Bogen als nicht natur- und umweltverträglich verdammt und gebrandmarkt. Nicht ganz zu Recht, wie man bei objektiver Betrachtung der Sachlage zugeben muß. Denn nicht wenige der wichtigen, ja unersetzlichen Naturreservate der Welt konnten gerade wegen des Tourismus gesichert werden, der Staaten wie Tansania mit der weltberühmten Serengeti oder Ecuador mit seinen Galápagos-Inseln mehr harte Währung einbrachte, als eine Umwidmung der geschützten Flächen zu anderen Formen der Nutzung. Durch geschickte und gezielte Lenkung des Besucherstromes ist es möglich, die Schäden gering zu halten, aber großen Nutzen einzubringen. Viele Beispiele gibt es hierfür. In Amerika, in Afrika und in Südostasien gelingt es offenbar weitaus besser, Naturreservate zu erhalten als hierzulande in Mitteleuropa, wo Naturschutzgebiete fast automatisch zu Sperrgebieten für Naturfreunde gemacht werden (während andere Nutzungsformen, insbesondere Jagd und Fischerei, in der Regel uneingeschränkt weiterlaufen dürfen).

Es fehlt an Information und an Personal, das die Schutzgebiete überwacht, Besucher betreut und für die Erhaltung der Natur wie für die Einhaltung der Schutzbestimmungen sorgt. Vielfach können gerade da, wo die Schutzgebiete mit strengem »Betreten verboten« ausgewiesen sind, die Schutzziele nicht eingehalten werden. Es fehlen die »Verbündeten«; sie sind als Naturfreunde ausgeschlossen und damit keine starken Partner. Eine grundsätzliche Änderung, eine Wende zum Besseren ist derzeit nicht in Sicht. So bleibt der Naturfreund auf sich allein gestellt, Natur zu erleben, ohne sie zu stören oder gar zu zerstören.

Die neue Serie »Reiseführer Natur« folgt diesen Leitgedanken. Sie will den engagierten Naturfreunden die Möglichkeiten aufzeigen, sich schöne Landschaften mit einem reichhaltigen oder einzigartigen Tier- und Pflanzenleben auf eine »umweltverträgliche« Art und Weise zu erschließen. Ein Tourismus dieser Art, der auf Information aufbaut und dessen Ziel die Sicherung der Naturschönheiten ist, wird vielleicht die überfällige Wende bringen. Unberührte Natur, naturnahe Landschaften und freilebende Tiere und Pflanzen haben ihren besonderen Wert. Aber er wird nicht zum Nulltarif auf Dauer zu erhalten sein.

Einhard Bezzel
Josef H. Reichholf

Vorwort

»Wo der Gletscher in den Himmel ragt, ist das Land nicht mehr irdisch, und die Erde hat Teil am Himmel – dort wohnen keine Sorgen, darum ist die Freude nicht vonnöten. Dort herrscht allein die Schönheit jenseits allen Verlangens.« Halldor Laxnes, isländischer Literaturnobelpreisträger

Fast 150 000 ausländische Touristen haben 1991 Island besucht, und es werden von Jahr zu Jahr mehr. Was treibt so viele Menschen aus hochindustrialisierten Ländern in die Wildnis dieses abgelegenen, fast unbesiedelten Landes?
Natürlich werden nach wie vor die meisten Städter ihren Urlaub in überfüllten Hotelhochhäusern an übervölkerten Stränden verbringen, doch Reisen in naturnahe Landschaften kommen in Mode. »Natur pur« ist neuerdings die Zielvorstellung vieler Touristen, und Island erfüllt den Wunsch danach wie kaum ein anderes Land: Die Stille eines menschenfernen Tundrasees, die Kulisse eines zu Tale donnernden Wasserfalls, kalbende Gletscher in kalter Pracht und das pulsierende Leben eines Vogelberges – wo sonst in der touristisch zugänglichen Welt gibt es das?
»Land aus Feuer und Eis«, »Feuerinsel am Polarkreis«, »Vulkaninsel zwischen Amerika und Europa« – so wird Island in Bildbänden, Reiseführern und wissenschaftlichen Länderkunden vorgestellt. Natürlich sind das Klischees, aber jedes einzelne hat seine Berechtigung. Hier liegen tatsächlich Vulkane neben, ja sogar unter Gletschern. Und tatsächlich kann man in der zentralen Vulkanzone Islands gleichsam mit einem Bein in Europa und dem anderen in Amerika stehen.
Vor allem aber ist Island ein unbesiedeltes Land; nur der hundertste Teil seiner Fläche ist kultiviert, der Rest ist Wildnis. Wer es entdecken, erleben und verstehen will, erhält in diesem Buch zahlreiche Hinweise auf sehenswerte Naturphänomene, auf grandiose Landschaften und die faszinierende Tier- und Pflanzenwelt. Es ist selbstverständlich, daß dabei weite Landesteile nicht berücksichtigt werden konnten. Die hier getroffene Auswahl an Reisezielen ist also eingeschränkt. Jeder Islandreisende kann jedoch neue Gebiete hinzuentdecken, kann »sein Island« finden.
Dieser Naturreiseführer soll dem Besucher auch helfen, sich in der Wildnis richtig zu verhalten, damit er selbst keinen Schaden nimmt und dem überaus empfindlichen Lebensraum keinen Schaden zufügt. So stellt sich beim Autor ein zwiespältiges Gefühl ein: Er fühlt sich dem Schutz der vorgestellten Gebiete verpflichtet, ist sich aber bewußt, daß er viele Menschen erst veranlaßt, sie aufzusuchen. So sei hier die Bitte an den Leser gestattet, die in diesem Buch gegebenen Ratschläge zum richtigen Verhalten in der Natur strikt zu befolgen, damit die Naturschönheiten Islands auch für künftige Besucher bewahrt bleiben!
Ich danke allen, die es mir ermöglicht haben, dieses Buch zu schreiben. Heinz Nienhaus und Eckart Pott sind in Island sachkundige Reisegefährten mit Rat und Tat gewesen, genau wie Norbert Schwirtz, der es zudem auf sich genommen hat, das Manuskript zu lesen. Die Islandkenner Rudi Bangert, Ute und Jürgen Schimmelpfennig, Frank-Ulrich Schmidt und Karl Wiktorin haben mir wertvolle Hinweise gegeben. Stella Kristinsdóttir vom Isländischen Fremdenverkehrsamt hat oft und schnell viele wichtige Informationen geliefert. Vor allem danke ich meiner Frau und meinen Kindern für ihr Verständnis und ihre Langmut in der Zeit meiner Arbeit an diesem Buch!

Winfried Wisniewski

Einführung

Zur Benutzung des Buches

Dieses Buch soll dem naturkundlich interessierten Reisenden helfen, die Natur Islands zu erleben und zu verstehen. Es stellt deshalb dem Leser außergewöhnliche oder typische Landschaften mit ihrer Tier- und Pflanzenwelt als Reiseziele vor. Bei der Auswahl der Gebiete ist ganz Island berücksichtigt, vorausgesetzt, die entsprechenden Landesteile sind für den »Normaltouristen« einigermaßen einfach zu erreichen. Deshalb ist der Nordwesten trotz seiner vielen spektakulären Naturerscheinungen mit nur einem Nebenreiseziel vertreten. Die Anreise in diesen Landesteil ist auch heute noch nicht problemlos und außerdem zeitaufwendig.
Wenn man die in diesem Band enthaltenen Informationen möglichst umfassend nutzen will, ist es hilfreich, sich zuerst mit der Gliederung vertraut zu machen. In der Einführung erhält der Leser einen Überblick über den Naturraum Island: Lage, Größe, Entstehung sowie Geologie, Geomorphologie, Klima, Pflanzen- und Tierwelt. Es folgt ein Abschnitt über Naturschutz und Naturschutzgebiete. Diese Angaben sollen einen Rahmen bilden, in den die eigenen Erfahrungen im Gelände eingeordnet werden können.
Den Hauptteil des Buches bildet die Beschreibung ausgewählter Reiseziele. Dabei wird zwischen Haupt- und Nebenreisezielen unterschieden. Alle 15 Haupt- und 9 Nebenreiseziele sind in einer Übersichtskarte eingetragen, die sich hinten im Buch im Innenteil des Schutzumschlages befindet.
Hauptreiseziele sind besonders sehenswerte Gebiete des Landes, gleichsam die naturkundlichen »highlights«. Sie sind entweder landschaftlich eindrucksvoll, zeigen außergewöhnliche geologische Erscheinungen oder beherbergen interessante Tier- und Pflanzenarten.
Jeweils am Anfang eines Kapitels werden die »Hauptattraktionen« eines Gebietes stichwortartig genannt. Anschließend sind die naturräumlichen Eigenarten mit den typischen Tier- und Pflanzenarten beschrieben, wobei möglichst viele Arten auch im Foto vorgestellt werden. Die weitaus meisten dieser Aufnahmen sind am Ort entstanden. Verweise auf Arten, die an anderer Stelle abgebildet sind, erfolgen durch den Hinweis »(S. ...)«, Textstellenverweise durch »(s. S. ...)«. Fotos erleichtern das Erkennen von Tieren und Pflanzen, können spezielle Bestimmungsliteratur jedoch nicht ersetzen. Kurze Essays, kenntlich durch blaue Unterlegung, behandeln wichtige und interessante Einzelthemen eingehender.
Zu jedem Hauptreiseziel erlaubt eine Karte die rasche Orientierung im Gebiet. Jeweils im Zusammenhang mit dem Abschnitt »Im Gebiet unterwegs« soll sie dem Besucher helfen, die typischen und wichtigen Plätze aufzusuchen, ohne dabei Landschaft, Tier- und Pflanzenwelt zu stören. Die »Praktischen Tips« geben Hinweise über Anreise, Klima und Reisezeit sowie Informations- und Unterkunftsmöglichkeiten. Alle Angaben sind zur Zeit der Manuskripterstellung auf dem neuesten Stand. Doch sei hier darauf hingewiesen, daß sich z. B. Unterkunftsmöglichkeiten, Zufahrtswege und Telefonnummern schnell ändern können. Im Abschnitt »Blick in die Umgebung« sind lohnende Ausflugsziele in der Nähe eines Hauptreiseziels aufgeführt.
Nebenreiseziele sind in der Regel ähnlich strukturiert wie Hauptreiseziele, aber manchmal weniger gut zugänglich. Hin und wieder liegen sie fernab einer möglichen Rundreise durchs Land. Oft handelt

es sich um kleine überschaubare Areale wie Geothermalgebiete oder eine Vogelinsel.
Das Kapitel Reiseplanung soll die Vorbereitung und Durchführung einer Reise erleichtern. Island ist zwar ein hochzivilisiertes Land, doch nur etwa 1 % der Landesfläche ist »kultiviert«; ausgedehnte Regionen sind Wildnis. Fehler, die man bei der Planung einer Tour und in der Wildnis selbst begeht, können schnell Gefahren für Leib und Leben heraufbeschwören, zumindest aber einen Teil der Ausrüstung kosten. Dieses Kapitel ist daher recht ausführlich gehalten. Es gibt vor allem wichtige Hinweise zur Ausrüstung und zum richtigen Verhalten vor Ort, damit der Besucher in der Natur keinen Schaden erleidet, andererseits dem empfindlichen Lebensraum auch keinen Schaden zufügt.
Im Anhang werden Hinweise auf wichtige Karten und zur Aussprache des Isländischen gegeben. Die Literaturliste verweist auf weiterführende Werke. Darin sind auch Bestimmungsbücher aufgeführt. Das Register ist in zwei Teile untergliedert. Im ersten sind die Namen der Tier- und Pflanzenarten, im zweiten ein Verzeichnis der Ortsnamen, Sachbegriffe und erwähnte Personen enthalten. Ein Wörterbuch listet die deutschen und wissenschaftlichen Namen der im Text erwähnten Pflanzen- und Tierarten auf.

Zeichenerklärung für die im Hauptteil abgedruckten Karten

Um die Übersichtlichkeit der Karten zu gewährleisten, wurden vor allem die für den Touristen interessanten Informationen aufgenommen. Die verwendeten Symbole und Abkürzungen werden im folgenden erklärt. Andere Sonderzeichen sind in der jeweiligen Karte erklärt, wenn sie nur für ein bestimmtes Gebiet verwendet werden.

Verwendete Kartensymbole

218 *Straße jeglicher Art mit Nummer (geteert oder mit Schotterbelag)*	*Stadt*	*Schlucht, Steilufer*
für vierradgetriebene Fahrzeuge	*Ort*	*Aussichtspunkt*
Fähre	*Gehöft*	*Campingplatz*
Wanderweg	*Touristenhütte*	*Hotel, Pension, Gästehaus*
Fluß	*Furt*	*Informationszentrum*
Gletscher	*Berg*	*Parkplatz*
Wasser	*Brücke*	*Flugplatz, Flugpiste*
Land	*Vulkan, Vulkankrater*	*Leuchtturm*
Schutzgebiet	*Thermalgebiet*	3 *Besuchspunkt*
Wald	*Wasserfall*	

Kleine Landeskunde

Lage und Größe

Island ist die größte Vulkaninsel der Erde. Sie erstreckt sich zwischen 66°32' und 63°24' nördlicher Breite und 24°32' und 13°30' westlicher Länge. Die größte Ausdehnung in Nord-Süd-Richtung beträgt 312 km, in West-Ost-Richtung etwa 480 km. Grönland ist rund 300 km, Norwegen fast 1000 km entfernt. Island hat korrigierte Greenwich Mean Time (GMT). Im Vergleich zur Mitteleuropäischen Zeit (MEZ) beträgt der Unterschied im Sommerhalbjahr 2 Stunden.

Mit einer Fläche von 103 106 km² ist Island nicht einmal ein Drittel so groß wie die Bundesrepublik Deutschland (357 326 km²) und zweieinhalbmal so groß wie die Schweiz. Die Bevölkerungsdichte beträgt 2,3 Einwohner/km²; damit ist Island der am dünnsten besiedelte Staat in Europa. Das Land hat gegenwärtig 254 000 Einwohner. Mehr als die Hälfte davon lebt im Großraum Reykjavík. Die übrigen Menschen sind überwiegend im Küstensaum zu Hause. Große Teile der Insel sind also gänzlich unbewohnt: Gut 11 % ihrer Fläche sind von Gletschern bedeckt, 10 % von Lavafeldern, 3 % von Wasser. Weite Gebiete im Innern der Insel sind fast menschenleer. Nur etwa 1 % des Landes ist kultiviert.

Trotz seiner Lage weit weg im Nordatlantik betrachten wir Island ganz selbstverständlich als zu Europa gehörig. Bezogen auf seine kulturhistorische Entwicklung mag das seine Berechtigung haben. Auch Flora und Fauna der Jetztzeit sind eindeutig mehr europäisch als nordamerikanisch. Geologisch hingegen gehört Island sowohl zu Amerika als auch zu Europa; denn die Trennlinie zwischen den Kontinenten verläuft genau durch die Insel. An manchen Stellen – etwa im Bereich von Þingvellir – läßt sie sich sogar bis auf wenige Meter genau lokalisieren (s. S. 90, 91).

Entstehung

Island liegt auf dem **Mittelatlantischen Rücken**, einem gewaltigen unterseeischen Gebirge im Atlantischen Ozean, das sich von der Arktis bis zur Antarktis erstreckt und sich meist 1500–3000 m über den umliegenden Meeresboden erhebt. An einigen Stellen tritt der Rücken an die Meeresoberfläche und bildet Inseln, etwa die Azoren und Jan Mayen. Island ist die größte dieser Inseln.

Der Mittelatlantische Rücken ist gleichsam die Nahtstelle zwischen Europa und Amerika. Gemäß der Lehre von der Plattentektonik schwimmen die Kontinente auf riesigen Platten auf dem flüssigen Erdinneren. In der Mitte des Mittelatlantischen Rückens liegen die eurasische Platte und die nordamerikanische Platte aneinander. Sie entfernen sich heute mit einer Geschwindigkeit von etwa 1–2 cm pro Jahr voneinander. Wo sie auseinanderdriften, steigt Lava aus dem Erdinneren nach oben. Es kommt zu Vulkanausbrüchen, die auch unter dem Meeresspiegel stattfinden können. Außerdem werden am Rande der auseinanderstrebenden Platten basaltische Schmelzen auf beiden Seiten angeschweißt. Dieser Vorgang der auseinanderweichenden Kontinentalplatten wird als Rifting oder Riften bezeichnet, in anderem Zusammenhang auch als »sea-floor spreading« (Erweiterung der Ozeanräume). Ihm verdankt Island seine Entstehung. Er dauert heute noch an; die Insel wächst also ständig weiter.

Nach dieser Theorie müßten die Gesteine Islands in der aktiven Vulkanzone in der Mitte des Landes die jüngsten sein und, ausgehend von dieser tektonischen Nahtstelle, nach Westen und Osten hin immer älter werden. Und in der Tat sind die Basalte im äußersten Westen und Osten der Insel mit 16 Mio. bzw. 13 Mio. Jahren die absolut ältesten. Die Entstehung Islands liegt somit vermutlich nicht mehr als 20 Mio. Jahre zurück. Es ist anzunehmen, daß gewaltige unterseeische Vulkaneruptionen zuerst eine Insel im Meer aufgeschüttet haben, der sich dann weitere Inseln hinzugesellten. Später verschmolzen alle miteinander zu einer größeren Landmasse. Unter dem Prozeß des oben beschriebenen Rifting hat sich Island dann ständig nach Westen und Osten hin ausgedehnt und zur größten Vulkaninsel der Welt entwickelt.

Vulkanismus

Lava

Seit der Besiedlung Islands vor 1100 Jahren sind 30 verschiedene Vulkane ausgebrochen. Im Durchschnitt hat sich jedes fünfte Jahr eine Vulkaneruption ereignet. Der isländische Vulkanismus fördert erheblich mehr Lava als Asche. In Island wurde ein Drittel der gesamten Lava gefördert, die seit 1500 n. Chr. weltweit zutage trat. 10 % des Landes sind mit nacheiszeitlicher Lava bedeckt; die Menge schätzt man auf 400–500 km^3. Man unterscheidet in Island im wesentlichen zwei Lavaformen, die Fladen- oder Stricklava (isl. »helluhraun«) mit einer glatten oder seilförmig gedrehten Oberfläche und die Blocklava (auch Brocken- oder Zackenlava, isl. »apalhraun«) mit einer sehr unregelmäßigen und brüchigen Oberfläche, die sehr schwer zu begehen ist.
In Island gibt es nahezu sämtliche auf der Erde existierenden Vulkantypen.

Schildvulkane

Aus einem einzigen kreisförmigen Schlot tritt dünnflüssige Lava aus und fließt weit auseinander, ehe sie erkaltet. So entsteht eine sehr flache, kreisförmige Vulkanform mit geringer Hangneigung. Dem Ungeübten fällt es deshalb oft schwer, sie in der Landschaft überhaupt wahrzunehmen. Schildvulkane sind hauptsächlich in der Nacheiszeit sehr aktiv gewesen; in historischer Zeit hat sich kein Ausbruch eines isländischen Schildvulkans mehr ereignet.

Die Eldgjá (»Feuerschlucht«) ist der größte Eruptionsgraben der Erde (s. S. 140).

Námafall – ein Geothermalgebiet mit Solfataren und brodelnden Schlammtöpfen.

Ein typischer Schildvulkan ist der **Skjaldbreiður** bei Þingvellir.

Schicht- oder Stratovulkane

Solche Vulkane sind aus vielen Ascheschichten aufgebaut, gleichsam nach jedem Ausbruch kommt eine weitere Schicht hinzu. Die Hangneigung ist steil. **Snæfellsjökull, Katla** und **Hekla** sind Stratovulkane, genau wie Islands höchster Berg, der **Öræfajökull**. Mit seinen 2119 m wird er in Europa an Höhe nur vom Ätna übertroffen, der ebenfalls diesem Vulkantyp zuzuordnen ist. Die höchsten Schichtvulkane Islands tragen eine Eiskappe.

Ringwallkrater

Sie sind Sprengtrichter, die bei einmaligen, explosiven Zentralausbrüchen entstehen. Ist die Sprengkraft hoch, bilden sich mächtige Schlackenkegel, die sich mit Grundwasser füllen können. Beispiele für Ringwallkrater sind **Hverfjall** und **Lúdent** am Mývatn. Maare entstehen durch explosiven Vulkanismus nahezu ohne jede Asche- und Lavaförderung. Sie haben daher einen tiefen Krater fast ohne Wall.

Pseudovulkane oder Pseudokrater

Wie schon der Name andeutet, handelt es sich bei ihnen gar nicht um Vulkane. Sie entstehen, wenn ein Lavastrom über eine Wasserfläche fließt. Das dabei verdampfende Wasser sucht sich explosionsartig einen Weg nach oben und hebt dabei die Lavamassen kraterförmig an. Pseudovulkane sind in Island zahlreich und verbreitet. Bekannt sind die Pseudokrater von **Skútustaðir** am Südwestufer des Mývatn.

Tafel- oder Horstvulkane

Tafelvulkane sind durch Eruptionen unter mächtigen Eisschichten entstanden. Kennzeichen sind die steilen Hänge. Paradebeispiel für einen Tafelvulkan ist Islands angeblich schönster Berg, die **Herðubreið**.

Spaltenvulkanismus
Spaltenausbrüche lieferten in Island den Hauptanteil basaltischer Lavaströme. In der aktiven Vulkanzone Mittelislands können kilometerweite Spalten aufreißen, aus denen dann an mehreren Punkten dünnflüssige Lava austritt. Oft kommt es nach der Spaltenbildung zu Explosionen mit Ascheaustritt und zur Bildung kleinerer Schlackekegel. Es bildet sich eine Kraterreihe. Die berühmteste überhaupt ist die 25 km lange **Laki-Kraterreihe**. Sie förderte in der zweiten Hälfte des Jahres 1783 die größte Menge Lava, die jemals bei einem Ausbruch in historischer Zeit auf einmal austrat: 12,5 km^3. Dieser Strom bedeckt eine Fläche von 565 km^2.

Geothermalgebiete
Island ist reich an Gebieten mit vulkanischer Wärme, sogenannten Geothermalgebieten. Man unterscheidet einen Typ mit mäßiger Bodentemperatur und einen Typ mit hoher Bodentemperatur in großer Tiefe. Es gibt etwa 25 Hochtemperaturgebiete. Alle liegen in der zentralen Vulkanzone. Dazu zählen etwa **Námafjall** am Mývatn oder **Krísuvík** auf Reykjanes. Neben heißen Quellen findet man dort Solfataren (= schwefelhaltige, heiße Dampfquellen mit Temperaturen zwischen 100 und 200 °C), Fumarolen (= austretende heiße Dämpfe über 200 °C mit Chlor-, Schwefel-, Kohlenstoff- und Borverbindungen) und brodelnde Schlammtöpfe. Die Niedrigtemperaturgebiete sind häufiger und liegen übers ganze Land verteilt. Dort gibt es nur heiße Quellen, keine Solfataren und Fumarolen.
Einige der heißen Quellen Islands schütten mit Unterbrechungen. Solche Springquellen werden in Island »**goshver**« genannt. In anderen Sprachen heißen sie Geysir, nach dem Namen der berühmtesten Springquelle der Welt, dem **Großen Geysir** im Gebiet von Haukadalur (s. S. 103 ff.).
Jahr für Jahr werden zahlreiche Touristen mit schweren Verbrühungen, die sie sich in geothermischen Gebieten zugezogen haben, in Islands Krankenhäuser eingeliefert. So sei hier dringend auf einige wichtige Verhaltensregeln während eines Aufenthaltes an diesen Stellen hingewiesen:
- Halten Sie immer gebührenden Abstand von heißen Quellen, Solfataren und Schlammtöpfen!
- Vermeiden Sie Kontakt mit heißen Dämpfen; diese können giftig sein!
- Bewegen Sie sich nur auf braunem Lehmboden, keinesfalls auf weißem, gelbem oder grauem Untergrund! Sie könnten einbrechen.

Gletscher
In Island wirken nicht nur starke landaufbauende, sondern auch enorme abtragende Kräfte. Eine große Rolle spielen in diesem Zusammenhang die Gletscher. Sie bedecken 11 800 km^2 oder rund 11 % des Landes. Der **Vatnajökull** ist der größte Gletscher außerhalb der Polarregionen und Grönlands. Seine Eisschicht ist im Durchschnitt 420 m und maximal 1000 m mächtig. Er ist mit 8400 km^2 mehr als doppelt so groß wie alle Alpengletscher zusammen, die nur 3800 km^2 bedecken! **Langjökull** (1020 km^2), **Hofsjökull** (995 km^2) und **Mýrdalsjökull** (700 km^2) sind weitere große Plateaugletscher. In Abhängigkeit vom Klima ändert sich die Ausdehnung der Gletscher ständig. Nachdem sie in der Zeit zwischen 1750 und dem Beginn dieses Jahrhunderts stark vorgerückt waren, zogen sie sich bis etwa 1970 unter dem Einfluß einer allgemeinen Klimaerwärmung erheblich zurück; gegenwärtig dehnen sie sich aber wieder leicht aus.
Gletscherräume sind außerordentlich starken Abtragungen unterworfen, zumal in Island, wo die jungen vulkanischen Gesteine gegenüber der Eiserosion nicht besonders widerstandsfähig sind. So wird das Gelände unter dem Vatnajökull jährlich um 3–5 mm abgetragen. Das bedeutet, daß seit der Besiedlung der Insel das Land unter dem großen Gletscher rund 4,5 m

Schwimmende Eisberge auf dem Gletschersee Jökulsárlón (s. S. 142) vor dem Breiðamerkurjökull.

niedriger geworden ist. Die geradezu riesigen Sanderflächen vor den Gletschern zeugen von dieser ungeheuren nivellierenden Kraft des Eises.
Auch die Winderosion spielt in Island eine große Rolle, besonders im Inland. Ihr sind nicht nur weiche Bodenpartien ausgesetzt, sondern auch die anstehenden Gesteine, vor allem verfestigte Tuffablagerungen. Wer einmal im isländischen Hochland in einen Sandsturm geraten ist, weiß, welch ungeheure Mengen an Fein- und Grobsand dabei bewegt werden und über welche abtragende Kraft sie verfügen!

Landschaften Islands

Dem Reisenden offenbart sich Island als ein überwiegend düsteres Land, in dem schwarze und tiefbraune Töne vorherrschen. Das liegt daran, daß die Insel zu 80 % aus dunklem Basalt aufgebaut ist, der in weiten Teilen zudem nur von schütterer Vegetation bedeckt wird. Nicht nur Lavaströme, verfestigte Tuff-Formationen und Bergrücken bestehen aus diesem Gestein. Zu schwarzem Geröll und Sand verwittert und von Gletschern und Wasserströmen verfrachtet, bildet es riesige Sanderflächen

und ganze Strandpartien mit ausgedehnten Nehrungen und Flußauen.
Stark vereinfacht kann man in Island zwei Landschaftszonen unterscheiden. In der Mitte der Insel liegt die »Vulkanische Zentralzone« (s. S.10). Sie ist im Süden des Landes zweigeteilt. Ein Zweig läuft von Südwesten her über die Halbinsel Reykjanes auf die Mitte Islands zu, der andere vom Süden über die Vestmannaeyjar und den Mýrdalsjökull. Nach der Vereinigung in der Landesmitte setzt sich diese Zone direkt in Nordrichtung fort. In diesem vulkanisch hochaktiven Gebiet überwiegen offene Landschaften mit unruhigem Relief, in denen Einzelberge bei guter Sicht schon aus großer Entfernung sichtbar sind. Alle jungen Vulkane liegen in dieser Zone, zu der noch die Halbinsel Snæfellsnes gehört. Um die Zentralzone herum herrschen quartäre Basalte vor.
Einen ganz anderen Eindruck vermitteln die Plateaulandschaften Nordwest- und Ostislands, deren Gebirgscharakter erst durch Einschnitte von Flüssen und Gletschern entstanden ist. Sie bestehen aus tertiären Basalten, die bis zu 16 Mio. Jahre alt und damit die ältesten Teile Islands sind. Aufgebaut sind sie aus zahlreichen, regelmäßig übereinandergeschichteten dünnen Lavadecken. Ihre Mächtigkeit kann mehrere tausend Meter betragen.

An der Südwestspitze der Halbinsel Snæfellsnes (s. S. 82 ff.) liegt die »Vulkanruine« Lóndrangar.

Die Küsten

In Island lassen sich hauptsächlich zwei Küstenformen unterscheiden: Felsküsten und Sandküsten. Felsküsten überwiegen im Gebiet der Plateaubasalte im Nordwesten, Norden und Osten. Sie sind steilwandig, bizarr und von zahlreichen Fjorden eingeschnitten, deren Enden sich gut zur Anlage von Häfen eignen. Einige Küstenabschnitte, etwa im Bereich des Breiðafjörður und des Faxaflói, sind regelrechte Schärenküsten von skandinavischem Zuschnitt.
Wo schuttbeladene Gletscherflüsse das Meer erreichen, bilden sich flache Sandküsten. Sie haben einen ausgeglichenen Verlauf. Oft bilden sich durch Strömungen Haffs und Nehrungen. Fast die gesamte Süd- und Südostküste Islands gehört zu diesem Typ. Wegen des flachen Strandes und der starken Brandung ist diese Küstenform völlig ungeeignet zum Bau von Häfen. (Deshalb gibt es auch keinen Fährhafen an der Stelle der Südküste, die den Vestmannaeyjar mit 12 km Entfernung am nächsten liegt, sondern erst 80 km weiter westlich in Þorlákshöfn!) Sandküsten finden sich auch im Norden und Nordosten Islands in Gebieten mit Plateaubasalten,

wenn Sand und Geröll führende Gletscherflüsse in einer breiten Bucht ins Meer münden. Das ist z. B. beim **Öxnafjörður**, **Héraðsflói** und **Húnaflói** der Fall.

Flüsse und Seen

Infolge der hohen Niederschläge gibt es in Island viele wasserreiche Flüsse. Der größte ist die **þjorsá** mit 237 km Länge und einem mittleren Abfluß an der Mündung von 380 m^3 pro Sekunde. Am zweitlängsten ist mit 206 km Länge die **Jökulsá á Fjöllum**.
Die meisten großen Ströme Islands sind Gletscherflüsse. Wegen der Eisschmelze ist ihre Wasserführung im Sommer erheblich höher als in der kalten Jahreszeit. Ihr Wasser ist trübe. Gletscherflüsse sind beladen mit Gesteinsmaterial, das die Gletscher vom Untergrund abgerieben haben. Man schätzt, daß allein die Jökulsá á Fjöllum an einem Tag bis zu 120000 Tonnen davon ins Meer befördert. Mit diesem Material bauen die Gletscherflüsse große Sanderflächen vor den Gletschern auf. Manchmal liegen die Sander direkt vor dem Eis, wie es etwa auf der Südseite von Mýrdals- und Vatnajökull der Fall ist. Dort bedecken der **Mýrdalssandur** und der **Skeiðarársandur** riesige Flächen. Oft liegen die Sander in großem Abstand vom Gletscher wie beim Heraðssandur oder beim Sander im Húnaflói. Gletscherflüsse gabeln sich auf den großen Sandflächen in eine Unzahl von Flußarmen auf, die ständig ihren Lauf verändern und auf den Sandern gleichsam hin- und herwandern.
Wenn unter dem Gletschereis ein Vulkan ausbricht oder wenn natürliche Stauseen im Gletschereis sehr plötzlich ihre Wassermassen freigeben, kommt es zu sogenannten Gletscherläufen. Sie sind von ungeheurer Gewalt. Beim Gletscherlauf, der 1918 durch den Ausbruch des Vulkans **Katla** unter dem Mýrdalsjökull ausgelöst wurde, lag die Abflußrate zwischen 100000 und 200000 m^3 Wasser pro Sekunde. Das entspricht der Abflußrate des Amazonas an der Mündung! Damals wurden Gesteinsblöcke von über 1000 Tonnen Gewicht in die Ebene vor dem Gletscher gespült, wo sie noch heute besichtigt werden können, und die Küstenlinie bei der Stadt **Vík** wurde um 200 m ins Meer hinaus verlagert.
Die nicht von Gletschern stammenden Flüsse sind zum einen durch Grundwasser gespeiste Quellflüsse mit sehr klarem Wasser und im Jahresverlauf sehr gleichmäßiger Wasserführung und -temperatur. Dazu gehört die **Laxá**, der Abfluß des Mývatns. Zum anderen sind es durch oberflächlichen Abfluß gespeiste »Wildbäche« mit sehr wechselhafter, von den Niederschlägen abhängiger Wasserführung.
Typisch für die so junge, wenig eingeebnete und von zahlreichen Geländeabbrüchen gekennzeichnete Landschaft Islands sind unzählige Wasserfälle. Der höchste ist der **Glymur** mit 196 m Fallhöhe. Bezogen auf die Wasserführung gilt der 44 m hohe **Dettifoss** als Europas mächtigster Wasserfall. Zu den schönsten und bekanntesten zählen **Gullfoss, Goðafoss** und **Svartifoss**.
Nicht minder zahlreich sind Islands Seen. Rund 80 sind größer als 1 km^2 und 27 größer als 5 km^2. Der größte ist das **þingvallavatn** mit einer Fläche von 85 km^2, gefolgt vom **þórisvatn** mit 72 km^2. Mit 220 m der tiefste See ist das 12 km^2 große **Öskjuvatn** (s. S. 65) in der Caldera des Askja-Massivs. (Mit »Caldera« bezeichnet man einen durch Einsturz oder Explosion entstandenen vulkanischen Kraterkessel.)

Klima und Wetter

Die Südost-, Süd- und Westküste Islands werden von einem Seitenarm des warmen Golfstroms, dem Irmingerstrom, beeinflußt, der die Insel im Uhrzeigersinn umfließt. Diese Küstenabschnitte sind daher immer eisfrei. Der Norden und Nordosten des Landes unterliegen dem Einfluß des 0–3 °C kalten Ostgrönlandstroms, der im Winter für das Auftreten von Treibeisfeldern vor Islands Küsten verantwortlich ist.

Insgesamt kann das Klima Islands als gemäßigt-ozeanisch bezeichnet werden. Die Sommer sind kühl, nur selten steigen die Temperaturen über 20 °C. Die mittlere Tagestemperatur beträgt in der Zeit von Mai bis September im Tiefland 10–12 °C. Die Höchsttemperaturen liegen bei +30 °C. Wegen des mäßigenden Einflusses des umgebenden Meeres sind die Temperaturschwankungen zwischen Sommer und Winter gering, in Reykjavík im Mittel etwa 10 °C. Die Durchschnittstemperatur liegt hier bei 5,1 °C, in München zum Vergleich bei 7,6 °C. Im Landesinneren wird mit nachlassendem Einfluß des Meeres das Klima kontinentaler, die Temperaturschwankungen werden größer. Die tiefste Temperatur betrug –38 °C.
Während der letzten Jahrzehnte hat sich das Klima Islands deutlich erwärmt. Die mittlere Jahrestemperatur von Stykkishólmur etwa ist in der ersten Hälfte dieses Jahrhunderts gegenüber der zweiten des vorigen Jahrhunderts um 1,4 °C gestiegen. Die Gletscher sind zurückgegangen. Auch auf Flora und Fauna hatte diese »Klimaverbesserung« Einfluß. Vor allem die Zahl »wärmeliebender« Vogelarten hat stark zugenommen (s. S. 26 f.).
Island liegt im Grenzbereich zweier Luftmassen, die einerseits polaren, andererseits tropischen Ursprungs sind. Von Südwesten erreichen feuchtwarme Luftströme die Insel und bringen der Süd- und Ostküste hohe Niederschläge bis zu 4000 mm im Jahr. Auf dem Vatnajökull können sie gar bis zu 8000 mm jährlich betragen. Vom Nordosten her fließt polare Kaltluft an die Küsten Islands, hier sind die Niederschläge deutlich geringer. Bei Akureyri z. B. fallen 474 mm Niederschlag pro Jahr. Allgemein kann das Klima als für die Breitenlage ausgesprochen mild bezeichnet werden. Dennoch können extreme Wetterbedingungen auftreten: Stürme, Sandstürme, heftige Regenfälle, Schneefälle und Temperaturstürze. Das Wetter ist äußerst wechselhaft und kann innerhalb kürzester Zeit umschlagen. Oft folgen mehrere Perioden mit Regen und Sonnenschein an einem Tag aufeinander. Eine alte isländische Redensart lautet daher: »Das Wetter gefällt dir nicht? Wart' ein Viertelstündchen!« Man sollte sich bei der Auswahl der Kleidung darauf einstellen, wenn man eine mehrstündige Wanderung unternimmt. Aber auch wochenlange Schön- oder Schlechtwetterperioden sind nicht selten. Selbst im Sommer können Schneefälle tagelang anhalten, im Hochland muß man eigentlich immer mit Schnee rechnen. Und selbst an der Südküste erreichen die Nachttemperaturen im August häufig den Gefrierpunkt. Die mittlere Sonnenscheindauer beträgt im Juli und August 5–6 Stunden pro Tag. Nebel und Gewitter sind relativ selten, jedoch treten oft heftige Stürme auf.

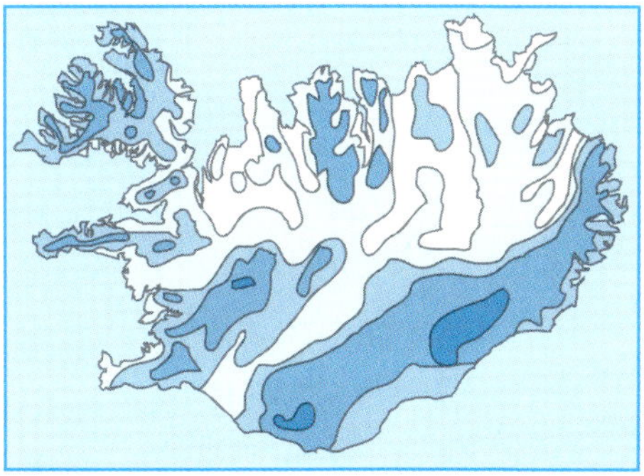

Niederschläge in Island in mm pro Jahr.

Pflanzen- und Tierwelt

Vegetation

Verglichen mit den übrigen nordischen Ländern oder gar Mitteleuropa ist das Pflanzenkleid Islands eher spärlich. Weite Gebiete im Inland präsentieren sich als Wüsten oder Halbwüsten. Vor allem fehlt der Wald. Da wo überhaupt etwas wächst, bedecken überwiegend Moose, Gräser und Zwergsträucher den Boden. Nur an wenigen klimatisch günstigen Stellen gibt es Restwälder, etwa in Hallormsstaður, Ásbyrgi im Jökulsárgljúfur-Nationalpark, östlich von Akureyri, bei Húsafell im Westen und im Skaftafell-Nationalpark im Schutze der großen Gletscher im Süden des Landes. Sie bedecken vielleicht noch eine Fläche von zusammen 1000 km^2. Aber diese Wälder (s. S. 35) haben mit denen Skandinaviens oder des gemäßigten Europas nicht viel gemein; die Bäume werden höchstens 10–12 m hoch, der Stammdurchmesser beträgt kaum 20 cm. Es gibt nur 2 Baumarten, die Moorbirke, die bei weitem überwiegt, und die Eberesche.

Während der Eiszeit war Island fast völlig von Gletschern bedeckt. Viele Pflanzenarten starben aus und konnten die Insel seither nicht wiederbesiedeln. So gibt es heute nicht mehr als rund 440 Arten von Gefäßpflanzen (Blütenpflanzen und Farne) in Island. Dazu kommen dann noch einmal jeweils über 100 Kleinarten der Gattungen *Hieracium* (Habichtskraut) und *Taraxacum* (Löwenzahn). Zum Vergleich: Auf den Britischen Inseln beträgt die Zahl der Gefäßpflanzen-Arten 2300.

Man vermutet, daß in Island nicht alle Arten während der Eiszeit untergegangen

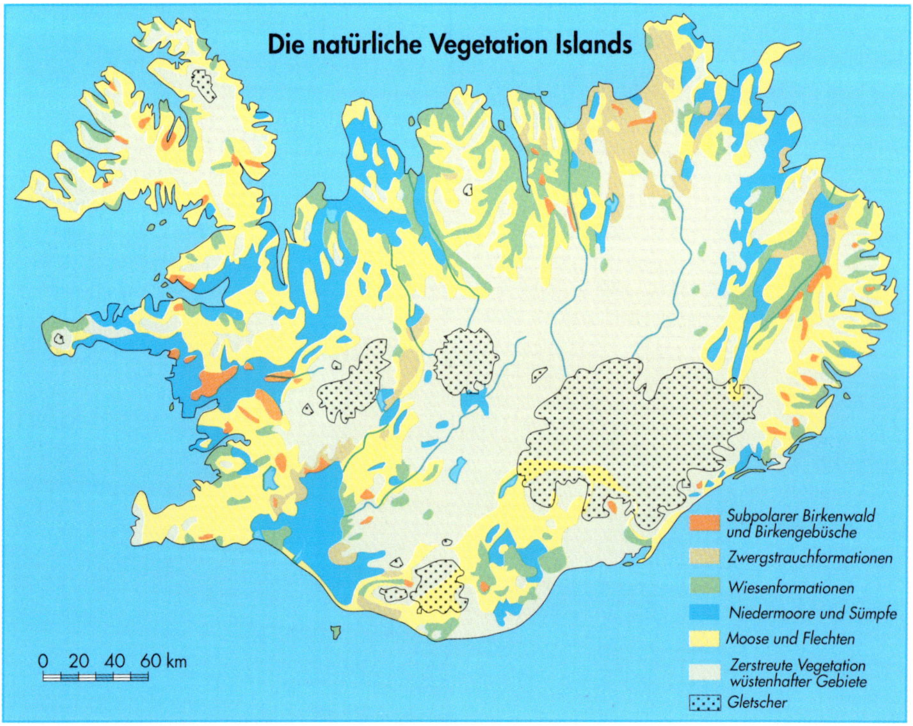

Strandvegetation mit Einblütigem Leimkraut und Strandroggen.

sind. Etwa die Hälfte der heute vorkommenden Pflanzenarten hat die Vergletscherung in kleinen, eisfrei gebliebenen Refugien in den ältesten Landesteilen im Westen und Osten überdauert. Die andere Hälfte ist »auf natürlichem Wege« oder mit dem Menschen und seinen Transportmitteln, Nutztieren oder Nahrungspflanzen eingewandert. Man schätzt, daß 60 % dieser Arten im Zuge der menschlichen Einwanderung die Insel erreicht haben.
So hat zwar der Mensch für eine starke Zunahme der Pflanzenarten in Island gesorgt. Trotzdem war sein Auftreten für die Vegetation des Landes eine Katastrophe. Weil die Siedler Holz brauchten, wurden die Wälder gerodet. Hinzu kamen Verbiß- und Trittschäden durch weidendes Vieh, vor allem durch Schafe. Vor der menschlichen Besiedlung hat kein pflanzenfressender Säuger die Insel bewohnt. Bei der Ankunft des Menschen waren vermutlich 40 % des Landes mit Vegetation bedeckt, davon vielleicht die Hälfte mit Wald. Heute beträgt der Anteil der Flächen mit Vegetation nur noch 20 %, der Waldanteil ist auf weniger als 2 % der Landesfläche zurückgegangen.
In Abhängigkeit von der Höhenlage, dem Relief, vom Klima, dem Grundwasserspiegel und den Bodenverhältnissen kann man die isländische Vegetation grob in 10 natürliche Pflanzengesellschaften einteilen. Sie sollen im folgenden kurz unter Nennung einiger Charakterarten vorgestellt werden.

Salzwiesengesellschaften (Küstenvegetation)

Die Küstenvegetation wird nach den unterschiedlichen Substraten in Strandvegetation, Wattenvegetation und Felsküstenvegetation aufgeteilt. Allen Arten gemeinsam ist eine gewisse Salzverträglichkeit. Auf Sand wachsen Meersenf, Salzmiere, Strandwegerich, Mertensie, Einblütiges Leimkraut, Gänsefingerkraut und Strandroggen. Auf eher felsigen Abschnitten dominiert die Gewöhnliche Grasnelke.

Flachmoor- und Feuchtwiesengesellschaften
In den Niederungsgebieten Islands finden sich bei hohen Grundwasserständen zahlreiche Flach- oder Niedermoore, die knapp 10 % des Landes bedecken. Typische Pflanzenarten sind Schmalblättriges und Scheuchzers Wollgras, zahlreiche Seggenarten, Fieberklee, Sumpfblutauge, Sumpfherzblatt, Gewöhnliches Fettkraut, Bachnelkenwurz und Sumpfschachtelhalm.

Quellflurgesellschaften
In der Nähe vieler Quellen wachsen häufig verschiedene Moosarten der Gattung *Philonotis*. Daneben findet man oft Alpenehrenpreis, Mierenblättriges Weidenröschen sowie Moor-, Stern- und Bachsteinbrech.

Melur-Vegetation
Darunter versteht man eine sehr aufgelockerte, aus einzelnen Pflanzen bestehende Kies- und Sandhügelvegetation (isl. »melur«), die vor allem auf den weiten Sanderflächen angetroffen werden kann. Nur wenige Arten können sich hier halten, da die ständige Verlagerung der Flußarme und dauernde Windverwehungen das Aufkommen einer geschlossenen Pflanzendecke verhindern. In der Hauptsache wachsen hier Stengelloses Leimkraut, Gewöhnliche Grasnelke, Alpenhornkraut, Felsenschaumkresse und Roter Schwingel. Auch in den wüstenhaften Gebieten des zentralen Hochlandes herrscht die Melur-Vegetation vor, da das Niederschlagswasser in den Lava- und Kieswüsten wegen der hohen Durchlässigkeit des Untergrundes fast augenblicklich im Boden versickert. Man spricht bei diesen Gebieten daher von »edaphischen« (durch den Boden bedingten) Wüsten«.

Moosheiden oder Moostundren
In dieser Pflanzengesellschaft dominieren das Graue und das Wollige Zackenmützen-Moos aus der Gattung *Rhacomitrium*. Beide überziehen in graugrünen oder gelbgrünen bis zu mehr als 10 cm dicken Polstern vor allem flachgründige Rohböden küstennaher Gebirge oder neuzeitliche Lavaströme. Solche »*Rhacomitrium*-Heiden« sind häufig auf den Halbinseln Reykjanes und Snæfellsnes sowie in Zentralisland bei den Landmannalaugar und im Tungnaá-Bergland. Die dicke Moosschicht verhindert das Aufkommen höherer Pflanzen, doch können einige typische Arten sich hin und wieder durchsetzen: Frühblühender Thymian, Schwarze Krähenbeere, Gewöhnliche Grasnelke, Knöllchenknöterich, Säuerling, Stengelloses Leimkraut und Krautweide.

Subpolarer Birkenwald
In den mit Wald bestandenen Restarealen ist allein die Moorbirke bestandsbildend; die zweite einheimische Baumart ist die Eberesche. (In vielen der Restwaldgebiete sind Aufforstungen, zum Teil mit ausländischen Nadelbaumarten, vorgenommen worden.) In der Strauchschicht wachsen Zweifarbige und Wollige Weide. Der Boden ist von einer lückenlosen Krautschicht bedeckt, in der – je nach Standort – Steinbeere, Rauschbeere, Waldstorchschnabel, Bachnelkenwurz, Gewöhnlicher Frauenmantel, Sumpfherzblatt, Echte Engelwurz, Waldengelwurz, Rotes Straußgras und Wiesenschachtelhalm häufig sind.

Zwergstrauchheiden
Darunter versteht man eine baumlose Landschaft mit Heidekrautgewächsen, die vor allem im Osten und Nordosten des

Landes zwischen Meeresspiegelhöhe und 400 m Höhe auftritt. Im Bergland geht die Zwergstrauchheide in die Zwergstrauchtundra über. Typische Arten sind Besenheide, Niederliegende Alpenheide, Echte Bärentraube, Heidelbeere, Rauschbeere, Schwarze Krähenbeere und Krautweide. An Staudenpflanzen wachsen hier Frühblühender Thymian, Silberwurz, Stengelloses Leimkraut, Alpenfrauenmantel, Kleiner Klappertopf, Simsenlilie und Rotes Straußgras.
Im Herbst sind Scharen von Isländern in den Zwergstrauchheiden unterwegs, um die Früchte der Beerensträucher gleich eimerweise zu sammeln. Dabei sind Schwarze Krähenbeere und Rauschbeere am ergiebigsten, während die zwar wohlschmeckende, aber seltene Heidelbeere nur wenige Früchte liefert.

Gebirgs-Zwergstrauchtundren
Die größte Verbreitung findet diese Pflanzengesellschaft in den sommertrockenen Gebieten Nordislands. Meist handelt es sich um sehr frostharte Pflanzen. Die dominierende Art ist die Zwergbirke. Auf windexponierten Flächen herrschen Niederliegende Alpenheide, Schwarze Krähenbeere, Silberwurz, Alpenfrauenmantel und Alpenhornkraut vor; an feuchteren Stellen wachsen Kleinfrüchtige Moosbeere, Besenheide, Frühblühender Thymian, Gewöhnliche Grasnelke und Krautweide.

Gebirgs-Steinschuttfloren
Es handelt sich um eine arten- und individuenarme Pflanzengesellschaft der Frostschuttböden in den höchsten Lagen (alpine und nivale Zone), in der Krautweide, Silberwurz, Säuerling, Schwarze Krähenbeere, Gletscherhahnenfuß, Rasensteinbrech und Arktisches Hornkraut typisch sind. Auf tieferliegenden, eher reliefbedingten Schutthalden wachsen Stengelloses Leimkraut, Roter Steinbrech und Felsenschaumkresse.

Basaltformationen an der Jökulsá á Fjöllum mit Beständen subpolaren Birkenwaldes.

Grünlandgesellschaften
In den fruchtbaren Küstenebenen hat der wirtschaftende Mensch seit jeher Wiesen kultiviert. Noch heute dauert dieser Prozeß an. In weiten Teilen Islands werden Feuchtwiesen drainiert. Dabei sind vollkultivierte, höherwüchsige Graswiesen, aber auch kurzgrasige Weiden entstanden. Je nach Beweidungsgrad und Düngereinsatz unterscheidet man:

1. stark beweidete Fettwiesen mit Weißklee und Herbstlöwenzahn als Charakterarten sowie Wiesen-Rispengras, Rotem Straußgras, Großem Ampfer und Scharfem Hahnenfuß;
2. Trittrasen mit Einjährigem Rispengras, Weißem Straußgras und Strahlenloser Kamille als Kennarten;
3. siedlungsferne und extensiv genutzte Wiesen mit Rotem Straußgras, Gewöhnlichem Ruchgras, Knöllchenschwingel und Alpenrispengras.

Das Walroß ist heute ein seltener Gast in Island.

Fauna

Wie im Falle vieler landferner Inseln oder Inselgruppen ist der bestimmende Faktor für die Zusammensetzung der Tierwelt Islands neben der Größe der Insel insbesondere die Entfernung zum benachbarten Festland und zu den nächstgelegenen größeren Inseln. Grönland ist 287 km entfernt, Schottland 798 km und Norwegen 990 km. Das Meer wirkt wie eine Sperre für alle Süßwasser- und Landtiere, die große Schwierigkeiten haben, die Salzwasserbarriere zu überwinden. So kommt es, daß echte Süßwasserfische, Amphibien, Reptilien und – mit einer Ausnahme – Landsäugetiere Island nicht erreicht haben. Die hochmobilen Vögel hingegen haben geringere Probleme, weite Strecken über das Meer zurückzulegen. Sie sind daher im Verhältnis zu allen anderen Tiergruppen überproportional stark vertreten. Dennoch fehlen viele Vogelarten, die auf dem nordamerikanischen und europäischen Festland auf gleicher geographischer Breite zu Hause sind.

Nur eine Säugetierart

Bei der Ankunft der ersten Menschen vor etwa 1100 Jahren lebte auf Island der **Eis-** oder **Polarfuchs** als einziges Landsäugetier (s. S. 49). Sein Verbreitungsgebiet erstreckt sich über die gesamte Nordpolarregion. In den meisten von ihm besiedelten Arealen gehören Lemminge und die Reste von Eisbären- und Wolfsmahlzeiten zu seiner Hauptnahrung. Beide Nahrungsquellen entfallen in Island. So war die Art auf der Insel offenbar nie besonders häufig. Früher gelangten Eisbären in strengen Wintern häufiger an Islands Küsten und auch ins Inland. Heute geschieht das äußerst selten.
In den 30er Jahren dieses Jahrhunderts entwichen einige Exemplare des **Amerikanischen Nerzes** – auch **Mink** genannt – aus der Gefangenschaft. Sie haben sich schnell vermehrt und stellen heute eine ernste Bedrohung für die Vogelwelt dar, insbesondere für die Kolonien der Eiderente und der Vogelfelsenbewohner. Mindestens zweimal wurden Schneehasen und einmal Europäische Feldhasen eingeführt, die sich

jedoch nicht halten konnten. Wie alle seefahrenden Nationen blieb auch Island von der Besiedlung durch die **Wanderratte** nicht verschont. Heute lebt sie in der Nähe menschlicher Behausungen. Auf diesen Bereich sind auch die **Hausratte** und die **Hausmaus** beschränkt, während die **Waldmaus** sich nahezu über die gesamte Insel ausgebreitet hat. Alle vier Arten wurden durch Menschen eingeschleppt.

In der zweiten Hälfte des 18. Jahrhunderts brachte man **Rentiere** aus Nordnorwegen auf die Insel, deren Nachkommen in geringer Zahl immer noch wild im Bergland rund um den Snæfell nordöstlich des Vatnajökull leben. Drei Einbürgerungsversuche mit Moschusochsen 1905, 1927 und 1930 schlugen fehl. Seit Jahrhunderten werden die bekannten **Islandpferde** (s. S. 135) halbwild in vielen Teilen Islands gehalten, doch sind völlig verwilderte Populationen nie entstanden.

Zwei Robbenarten leben an der isländischen Küste: der Seehund und die Kegelrobbe. Beide gehören zu den Hundsrobben. Sie sind rund um Island verbreitet und fast überall häufig. **Seehunde** ruhen gerne auf Sandbänken. Ihre Jungen werden im Frühjahr geboren; sie können sofort schwimmen und gehen gleich nach der Geburt ins Wasser. **Kegelrobben** bevorzugen felsige Küsten und werfen im Herbst. Die Jungen tragen zunächst einen weißen Jugendpelz. Im Alter von 4 bis 5 Wochen wagen sie sich nach dem Haarwechsel zum ersten Mal ins Wasser. Andere Robbenarten erreichen Island nur ausnahmsweise einmal, z. B. die Eismeer-Ringelrobbe, die Sattelrobbe, die Bartrobbe und das Walroß.

Im Meer rund um Island leben zahlreiche **Wale**. Aus der Gruppe der großen Bartenwale sind das heute vor allem Finnwal, Seiwal und Zwergwal. Zu den Zahnwalen gehören Pottwal, Grindwal und Schwertwal. Sie finden sich regelmäßig in den Gewässern um die Insel ein. Island gehörte zu den letzten Walfangnationen (s. S. 24).

Reiche Vogelwelt

In Island brüten 76–78 Vogelarten, je nachdem, welche Arten man schon oder noch als regelmäßige Brutvögel betrachten will. Im Gegensatz zu weiten Teilen Europas und Nordamerikas ist die Vogelwelt auf dieser dünn besiedelten Insel vom Menschen ziemlich unbehelligt geblieben. Die traditionellen Wirtschaftsformen haben die ursprünglichen Landschaften stellenweise stark verändert. Doch sind die Lebensräume der meisten heimischen Vogelarten auf der Insel nicht nachhaltig beeinträchtigt worden. Zwar gehörten Vögel in Island immer zur Nahrung der menschlichen Bewohner, aber ausgerottet haben die Isländer lediglich eine einzige Art: den Riesenalken. Das letzte Paar dieses flugunfähigen Meeresvogels wurde 1844 auf der Insel Eldey auf dem Nest erschlagen (s. S. 102). Seeadler und Gerfalke sind von

Der Baßtölpel ist der größte isländische Meeresvogel. Die Ablösung am Nest ist mit einer auffälligen Zeremonie verbunden.

Wie viele Küstenvölker haben die Isländer seit jeher von den Walen profitiert. Zuerst handelte es sich um eine eher zufällige Nutzung von gestrandeten Tieren. Später kamen die küstennahe Jagd mit der Handharpune vom Boot aus und der Waltrieb dazu, bei dem Schulen von Kleinwalen ans Ufer getrieben und geschlachtet wurden.
Die Geschichte des kommerziellen Walfangs in Europa begann bereits im 12. Jahrhundert. Damals jagten die Basken im Golf von Biskaya die an der Küste vorbeiwandernden Glattwale. Englische und niederländische Polarexpeditionen hatten am Ende des 16. Jahrhunderts im Nördlichen Eismeer unvorstellbare Mengen von Robben und Walen entdeckt. Schon nach 50 Jahren waren die Buchten leer, neue Fangplätze auf der offenen See mußten erschlossen werden.
1864 erfand der Norweger Svend Foyn die Explosiv- oder Granatharpune, die bei einem sauberen Treffer das Tier augenblicklich tötet. Man konnte den Walkörper sofort mit Luft aufpumpen, so daß er nicht unterging. Die Harpunenkanonen setzte man auf die nun ebenfalls verfügbaren Dampfschiffe. Damit hatte man eine wirkungsvolle Waffe zur Jagd auf die schnellen und bis dahin unerreichbaren Furchenwale Blauwal, Finnwal und Seiwal. Nun lohnte sich der Walfang wieder.
Die Norweger errichteten 1883 im Álftafjörður die erste Walstation Islands. Weitere Stationen folgten, darunter deutsche und französische, die aber bald aufgegeben wurden. Um die Jahrhundertwende erreichte der Walfang in den Nordwestfjorden mit 1300 erlegten Tieren pro Saison seinen Höhepunkt. Die erste isländische Walfanggesellschaft wurde 1897 gegründet und überdauerte nur 6 Jahre. 1935 folgte ein zweiter Versuch, der ebenfalls bald abgebrochen wurde.
1947 wurde die heute noch existierenden Fangstation im Hvalfjörður gegründet, die 1948 den Betrieb aufnahm. Die Walstation Midsandur verarbeitete bis 1985 jährlich zwischen 300 und 400 Wale, vorwiegend Finnwale. Fang und Verarbeitung sicherten rund 200 Arbeitsplätze, jedoch nur in den Sommermonaten. Das zum größten Teil nach Japan verkaufte Walfleisch trug zuletzt weniger als 1 % zum gesamten isländischen Exporterlös bei.
Weil viele Wale von der Ausrottung bedroht sind, hatte 1982 die Internationale Walfang-Kommission (IWC) beschlossen, nach 1985 die kommerzielle Jagd auf Wale vorerst für einen Zeitraum von 5 Jahren völlig auszusetzen. Obwohl das Mitglied Island diesem Moratorium nicht widersprochen hatte, wurde kurz vor Beginn der IWC-Konferenz in Bournemouth im Juli 1985 die Weltöffentlichkeit von der Nachricht überrascht, daß Island beabsichtige, im Jahre 1986 120 Finn- oder Seiwale plus 80 Zwergwale zu wissenschaftlichen Zwecken zu fangen. Ungeachtet aller vorher abgegebenen Zusicherungen suchte Island damit eine Möglichkeit, durch die Hintertür des wissenschaftlichen Fangs das kommerzielle Walmorden über 1985 hinaus fortzuzusetzen. Schließlich wurden 1987 80 Finn- und 20 Seiwale gefangen, 1988 noch 68 Finn- und 10 Seiwale. Unter dem Druck verschiedener Naturschutzorganisationen und eines zunehmenden Handelsboykotts vor allem der USA, aber auch deutscher Firmen, wurde der Walfang 1989 eingestellt.

Bis 1989 wurden Wale vor Island gefangen und hier in der Station Miðsandur verarbeitet.

Menschen verfolgt und in ihrem Bestand sicher stark vermindert worden, Schnee-Eule und Krabbentaucher (s. S. 142) sind als Brutvögel so gut wie verschwunden. Doch die meisten übrigen Arten sind bisher nicht gefährdet. Die Millionenscharen der felsbrütenden Seevögel, denen die Isländer in der Vergangenheit immer zum Nahrungserwerb nachstellten, haben sie ebensowenig ernsthaft dezimieren können wie die zahlreichen Arten der nur dünn besiedelten und extensiv bewirtschafteten Flußmündungen und die wenigen Arten, die im fast menschenleeren Inland zu Hause sind. Im Falle der Eiderente hat der Mensch sogar für eine Zunahme gesorgt (s. S. 80). Von 1805 bis heute stieg die Zahl der Eiderentenkolonien von 116 auf über 300. Die Brutkolonien dieser Art sind Eigentum eines Bauern, der sorgsam darüber wacht, daß die Vögel nicht gestört werden und vor Raubtieren geschützt sind. Dafür erntet er dann die Eiderdaunen, mit denen die Weibchen ihre Nester polstern.

Die isländische Avifauna muß als relativ jung bezeichnet werden. Während des letzten Glazials war die Insel zu etwa 90 % mit Eis bedeckt. Daher sind die meisten Arten erst eingewandert, nachdem das Eis gewichen war. Wie in vielen Regionen der Arktis sind aber Teile des Landes auch zum Höhepunkt der Vereisung ganz sicher eisfrei geblieben, z. B. hoch aufragende Berggipfel und weite Küstenbereiche. Diese Gebiete können durchaus ein Refugium für verschiedene Stand- und Zugvögel gebildet haben, genauso wie sie vermutlich vielen Pflanzen ein Rückzugsgebiet gewesen sind. Vermutlich haben Alpenschneehuhn, Schneeammer, Birkenzeisig und eventuell der Gerfalke auf solchen eisfreien Flächen überdauert. Dazu kamen zahlreiche Sommervögel, die in der warmen Jahreszeit die Küstengebiete aufsuchten: Limikolen (das sind Regenpfeifer und Schnepfenvögel) und Entenvögel sowie Möwen und Alken als Felsbrüter.
Als sich das Land nach der Eiszeit wieder

Dreizehenmöwen, Trottel- und Dickschnabellummen am Vogelfelsen bei Malarrif (Halbinsel Snæfellsnes).

erwärmte, zogen sich die kälteliebenden hocharktischen Arten nach Norden zurück. Einige konnten sich in Restpopulationen in Island halten, z. B. das Thorshühnchen und der Krabbentaucher. Die ebenfalls hocharktisch verbreiteten Eismöwen und Dickschnabellummen sind zwar noch zahlreich, nehmen aber im Vergleich zu den verwandten subarktisch verbreiteten Arten zur Zeit im Bestand ab. Beschleunigt wird dieser Prozeß durch einen erheblichen Anstieg der Temperaturen in Island in diesem Jahrhundert.
Aus dem Süden wanderten dagegen etliche Arten wieder ein, die in wärmere Regionen zurückgewichen waren. Die isländische Vogelwelt besteht im wesentlichen aus solchen nacheiszeitlichen (Rück-)Einwanderern. Auch heute ist der Wechsel von arktischen Arten zu mehr boreal verbreiteten noch nicht abgeschlossen. Allein in den letzten 80 Jahren sind 17 Neueinwanderer hinzugekommen, die rund 22 % der Gesamtartenzahl ausmachen. Der Star brütet seit 1912, der Bruchwasserläufer seit 1952 in Island. Gegenwärtig scheinen weitere Arten die Insel als Brutraum zu erobern, z. B. der Bergfink, der seit den 70er Jahren erfolgreich gebrütet hat, und der Große Brachvogel, dessen Brut zum ersten Mal 1987 auf Melrakkaslétta nachgewiesen wurde. Weiter gehören zu den potentiellen Einwanderern Kiebitz, Wacholderdrossel, Amsel und Haussperling.
Viele isländische Arten sind zirkumpolar verbreitet. Bei ihnen ist es schwierig festzustellen, von woher sie die Insel besiedelt haben. Andere Arten sind der Herkunft nach eindeutig paläarktisch oder nearktisch (stammen also entweder aus dem nördlichen Eurasien oder aus Nordamerika). Nur in der Alten Welt leben zum Bei-

spiel Graugans, Goldregenpfeifer und Uferschnepfe. Die einzigen eindeutigen Elemente aus der nordamerikanischen Vogelwelt sind Eistaucher, Spatel- und Kragenente.
Die an das Leben am und im Wasser angepaßten Vogelarten sind bei weitem in der Überzahl. Das ist kein Wunder, wenn man die naturräumlichen Bedingungen auf der Insel genauer betrachtet: Island hat eine durch Buchten und Halbinseln reich gegliederte Küstenlinie; und im Innern des Landes bieten zahllose Wasserläufe, Seen, Tümpel, Sümpfe und Moore vielen Entenvogelarten und Limikolen einen Brutraum. Nach Schätzungen der britischen »Watvogel-Studiengruppe« brüten rund 1,5 Mio. Limikolen auf Island, das sind etwa 20 % des Bestandes dieser Vogelgruppe in ganz Europa. Am häufigsten sind Goldregenpfeifer, Alpenstrandläufer, Bekassine und Sandregenpfeifer mit je rund 300 000 Brutpaaren, Uferschnepfe und Regenbrachvogel mit etwa je 200 000 Brutpaaren sowie Rotschenkel und Odinshühnchen mit je rund 100 000 Brutpaaren. Dazu kommen in jedem Frühjahr und Herbst große Scharen durchziehender Limikolen aus der grönländischen und kanadischen Arktis: Knutt, Sanderling, Steinwälzer und Pfuhlschnepfe.
Mengenmäßig noch weit übertroffen werden die Limikolen von den Alkenvögeln. An Islands Küsten bilden sie riesige Kolonien. Sie brüten in charakteristischer Vergesellschaftung mit anderen Meeresvogelarten an steilen Felsen. Vogelberge nennt man solche Brutplätze (s. S. 88). Sie sind häufig auf den Westmänner-Inseln, im Süden und Westen der Halbinsel Reykjanes sowie auf der Halbinsel Snæfellsnes. Die größten Ansammlungen befinden sich im Nordwesten und Norden Islands, am Látrabjarg, am Hornbjarg und auf den Inseln Drangey und Grímsey.

Goldregenpfeifer im Brutrevier.

Der Kiebitz hat in Nordisland gebrütet.

Ähnlich wie der Kiebitz erobert gegenwärtig die Wacholderdrossel Island.

Die Schmarotzerraubmöwe brütet regelmäßig in der küstennahen Tundra Islands.

Im Bereich der isländischen Küsten brüten 1–1,5 Mio. Paare Trottellummen und 1–2 Mio. Paare Dickschnabellummen. Das sollen nach Aussagen mancher Autoren im Falle der Trottellumme 40 %, im Falle der Dickschnabellumme 30 % des Weltbestandes dieser Arten sein. Wenn man allerdings weiß, daß allein vor Alaskas Küsten jeweils 5 Mio. Individuen beider Arten leben und noch große Bestände im Bereich der sibirischen Arktis dazugerechnet werden müssen, kann das wohl nicht sein. Es handelt sich bei diesen Angaben vielmehr um den prozentualen Anteil am Gesamtbestand im Nordatlantik. Dennoch sind die Zahlen beeindruckend.
Noch häufiger als die Lummen ist der Papageitaucher, dessen Population 3–5 Mio. Brutpaare beträgt, was einem Anteil von 50 % am Weltbestand entspricht. Nicht ganz so häufig ist der Tordalk mit 100 000 bis 1 Mio. Brutpaaren an Islands Küsten. Das sind immerhin 70 % des Weltbestandes! Am **Látrabjarg** in Nordwestisland befindet sich die größte bisher bekannte Tordalkenkolonie der Welt.
Ebenfalls große Brutkolonien in Meeresnähe, allerdings auf flachem Gelände, bildet die Küstenseeschwalbe. Die Kolonien können durchaus 20 000–30 000 Individuen umfassen. Feinde, die sich den Nestern nähern, werden im Sturzflug schneidig angegriffen und gemeinsam von Koloniemitgliedern in die Flucht geschlagen, gleich ob es sich bei den Eindringlingen um Menschen, Eisfüchse oder Raubmöwen handelt. Im Süden Islands lebt auf den großen Sanderflächen des Skeiðarársandurs und des Breiðarmerkursandurs die Große Raubmöwe oder Skua. Insgesamt brüten dort ungefähr 6000 Paare, das entspricht über 80 % des Weltbestandes. Eine der Kolonien ist 3000 Paare stark und damit die größte Kolonie dieser Art auf der Erde. Von ihren Brutplätzen aus dringen die Vögel in die Brutreviere anderer Vögel ein und versuchen, Jungvögel und Eier zu erbeuten oder den heimkehrenden Altvögeln die gefangene Nahrung abzujagen. Die verwandte Schmarotzerraubmöwe lebt über die Küstenbereiche ganz Islands verteilt. Auch die Raubmöwen verteidigen ihr Brutrevier gegenüber Menschen.
Weltweit bekannt für seinen Vogelreichtum ist das **Mývatn**, ein 38 km^2 großer See im Nordosten des Landes (s. S. 66). Er ist sehr flach. Warme Quellen im See bewirken, daß er auch im Winter niemals ganz zufriert. Das Mývatn gilt als Entenparadies. Hier befindet sich der einzige Brutplatz der Spatelente in Europa. Einstmals betrug die Entenvogelpopulation von insgesamt 15 hier lebenden Arten fast 15 000 Brutpaare. Heute ist die Zahl der brütenden Enten stark zurückgegangen.

Fische

Islands marine Gewässer sind berühmt für ihren Fischreichtum, der über Jahre hinweg Garant für den wirtschaftlichen Wohlstand des Landes gewesen ist. Ursache für die ungeheuer großen Fischvorkommen ist die Durchmischung kalter und warmer Meeresströmungen im Bereich der Insel, die eine permanente Versorgung des Wassers mit Sauerstoff und Nährstoffen be-

wirkt. Die Folge ist eine hohe Produktion an Plankton, welches als Basis des marinen Nahrungsnetzes eine hohe Individuendichte mancher Fische ermöglicht.
Im Meer bei Island leben etwa 250 verschiedene Fischarten, von denen aber nur etwa 20 wirtschaftliche Bedeutung haben. Gefangen werden von atlantisch verbreiteten Arten Kabeljau, Schellfisch, Köhler, Wittling, Hering, Lodde, Makrele, Seezunge, Steinbutt und Thunfisch. Dazu kommen die hocharktischen Arten Schwarzer Heilbutt, Polardorsch und Grönlandhai. Ausschließlich auf das Süßwasser beschränkte Fischarten gibt es in Island nicht. Atlantischer Lachs, Wandersaibling und Aal sind Wanderer zwischen Meer- und Süßwasser, Lachsforelle und Dreistacheliger Stichling sind Arten, die im Salz- oder Süßwasser leben können.

Wirbellose

Insekten sind trotz der nördlichen Lage und der Entfernung vom Festland zahlreicher, als man erwarten könnte: 1200 Arten leben in Island, darunter 425 Fliegen, 230 Bienen- und Wespenarten, 160 Käfer und 82 Schmetterlinge. Über andere Wirbellose ist recht wenig bekannt. Im Meer leben zahlreiche Ringelwürmer und Krebse, 130 Arten Schnecken, rund 100 Muscheln sowie jeweils um die 100 Seesterne und Seeigel. Es gibt rund 30 Arten Landschnecken, etwa 8 Süßwasserschnecken und ebensoviele Süßwassermuscheln, alle aus der Gattung Erbsenmuschel.

Naturschutz

Vermutlich wegen der geringen Bevölkerungsdichte sind Naturschutzmaßnahmen spät ergriffen worden. Erst 1928 wurde þingvellir zum ersten isländischen Nationalpark erklärt. Bis heute sind sieben wichtige Naturschutzgesetze erlassen worden. Zuständig für den Naturschutz im Lande ist das »Ministerium für Erziehung und Kultur«. Die Verwaltung der unter Schutz gestellten Gebiete liegt beim Naturschutzrat »Náttúruverndarrað« (National Conservation Council, NCC). Er kontrolliert die Einhaltung der Schutzbestimmungen, organisiert die wissenschaftlichen Projekte in den Gebieten und beschäftigt Aufseher und Aufseherinnen. Der Naturschutzrat kann nach dem isländischen Naturschutzgesetz Landschaften und Gebiete unter Schutz stellen, wenn sie besonders erhaltenswert sind.
Insgesamt gibt es in Island 273 geschützte Gebiete. In der Tabelle sind einige der wichtigsten nach ihrem Schutzstatus und mit Angabe der Größe sowie des Jahres ihrer Einrichtung aufgeführt.

Nationalparks (isl. »þjóðgarður«)		
Jökulsárgljúfur	151 km²	1973
Skaftafell	1600 km²	1984
þingvellir	50 km²	1928
Naturschutzgebiete (isl. »friðland«)		
Dyrhólaey	5 km²	1978
Eldey	40 ha	1977
Flatey	1 km²	1975
Herðubreiðarfriðland	170 km²	1974
Hornstrandir	580 km²	1985
Hrísey	40 ha	1977
Melrakkaey	9 ha	1974
Strönding við Stapa og Hellna	58 ha	1988
Surtsey	160 ha	1979
þjórsárver	375 km²	1979
Naturmonumente (isl. »náttúruvætti«)		
Askja í Dyngjufjöllum	50 km²	1978
Eldborg í Hnappadal	150 ha	1974
Hraunfoss og Barnafoss	39 ha	1987

Darüber hinaus gibt es weitere geschützte Erholungsgebiete und Landschaftsteile von besonderem Wert. Einen völlig eigenen Schutzstatus hat das Gebiet Mývatn og Laxá (4400 km², 1974).

Verhalten in der Natur

Vergleicht man die Landschaften Islands mit denen Europas und Nordamerikas, scheinen sie auf den ersten Blick viel weniger vom Menschen verändert. Tatsächlich sind aber durch Waldzerstörung und Weidenutzung seit Beginn der Besiedlung durch Menschen erhebliche Eingriffe in die Ökosysteme des Landes vorgenommen worden. Dennoch hat sich die ursprüngliche Tierwelt, insbesondere die Vogelfauna, anpassen können, da es sich z. T. um sehr lange währende Vorgänge der Landschaftsveränderung handelte. Infolge der Klimaänderungen nimmt die Zahl der Vogelarten gegenwärtig sogar zu (s. S. 26). Doch die Zahl der Menschen wächst schnell. Die Industrialisierung schreitet auch in diesem Land fort. Mit dem zunehmenden Tourismus geht die verkehrstechnische Erschließung bislang abgelegener Landesteile einher. Fast 150 000 Touristen haben 1991 das Land bereist. Die jährlichen Zuwachsraten für Besucher liegen über 5 %. Es liegt auf der Hand, daß insbesondere die ökologisch empfindlichen Gebiete des Hochlandes und der Küsten von der Zerstörung bedroht sind. Daher hat der Naturschutzrat Regeln für das Verhalten in der Natur erlassen. Sie gelten insbesondere für den Aufenthalt in Naturschutzgebieten, sollten jedoch eigentlich immer eingehalten werden:

1. Verlassen Sie ihren Rastplatz immer so, wie Sie ihn gern vorfinden würden!
2. Hinterlassen Sie keinen Müll! Verbergen Sie ihn nicht unter Steinen und graben Sie ihn nicht ein! Nehmen Sie Ihren Abfall mit, bis Sie Gelegenheit haben, ihn in einen Müllbehälter zu werfen!
3. Entzünden Sie kein Feuer auf von Vegetation bedecktem Boden! Achten Sie sorgfältig darauf, daß durch offenes Feuer keine Brände entstehen können!
4. Verunreinigen Sie keine Wasserläufe! Zerstören Sie weder heiße noch kalte Quellen!
5. Verursachen Sie keinen Schaden an geologischen Formationen! Brechen Sie keine Steine aus und bauen Sie keine Steinmännchen im Gelände!
6. Beschädigen Sie keine Pflanzen!
7. Stören Sie keine Tiere!
8. Bewegen Sie sich als Autofahrer nur auf gekennzeichneten Pisten und Wegen! Fahrspuren sind auf den empfindlichen Böden noch jahrelang zu sehen. Sie bieten einen häßlichen Anblick und sind Ansatzpunkte für Winderosionen!
9. Folgen Sie den Wanderwegen, wo solche gekennzeichnet sind!
10. Beachten Sie die Naturschutzgesetze und in Schutzgebieten die Anweisungen der Naturschutzwarte!

Die Einhaltung dieser Vorschriften wird überwacht. Verstöße werden mit Bußgeldern geahndet. Man muß auch damit rechnen, für entstandenen Schaden haftbar gemacht zu werden. (Siehe dazu auch das Kapitel »Reisen abseits der Hauptverkehrswege«, S. 148, 149)

Aufseherinnen des Jökulsárgljúfur-Nationalparks beseitigen Fahrspuren neben der Straße.

1 Hallormsstaðaskógur

Bedeutendster Waldbestand in ganz Island; zahlreiche Walderhaltungs- und Aufforstungsflächen; bedeutende Baumschule; Brutplatz von waldbewohnenden Arten wie Birkenzeisig, Bergfink und Zaunkönig; im Sommer Erholungsgebiet für die »städtische Bevölkerung«.

Rund 30 km südwestlich von Egilsstaðir liegt am See **Lagarfljót** (früher Lögurinn genannt) Islands größtes Waldgebiet, Hallormsstaðaskógur, der »Wald von Hallormstaður«. Schon 1899 wurden Reste ursprünglicher Birkenwaldbestände am Südostufer des langgestreckten Sees unter Schutz gestellt und gegen Verbiß durch Schafe gegattert. 1903 richtete ein Privatmann hier einen botanischen Garten für Bäume ein, der 1907 vom Staat übernommen und in eine Art Baumschule weiterentwickelt wurde. Von 1905 bis 1908 kamen weitere Wald-Schutzflächen dazu. Von Anfang an wurden Aufforstungsmaßnahmen durchgeführt. Seit 1960 umfaßt das Waldgebiet von Hallormsstaður rund 2000 ha, die zum Schutz vor Verbiß schafsicher eingezäunt sind.
Im Hallormsstaðaskógur sind die Bedingungen für Wiederbewaldungs- und Auf-

Moorbirken im Wald von Hallormsstaður.

Die Island-Rasse des Zaunkönigs hat einen besonders langen Schnabel.

forstungsmaßnahmen besonders günstig. Der lößartige Boden, die Niederschlagsmenge von knapp 700 mm jährlich und die Temperaturen mit einem Jahresdurchschnitt von 3,5 °C sind ideale Voraussetzungen. Die Baumschule verfügt über einen Pflanzgarten, in dem Forstpflanzen herangezogen werden. Auch ein Gewächshaus mit einer Fläche von annähernd 1000 m² ist in Betrieb. Von 1903 bis 1980 sind von der Baumschule in Hallormsstaður insgesamt 5,5 Mio. Pflanzen in die verschiedenen Aufforstungsgebiete Islands geliefert worden. Im Gebiet Hallormsstaðaskógur selbst sind bis dahin 1,4 Mio. Pflanzen eingebracht worden.
Es handelte sich um insgesamt 50 Arten (12 Laub- und 38 Nadelhölzer) aus über 200 Herkunftsgebieten.
So erblickt der Reisende in diesem Schutzgebiet etwas, das er sonst in Island vergeblich sucht: einen richtigen, üppigen Wald, der sich über weite Flächen erstreckt.
Einen Status als Natur- oder Landschaftsschutzgebiet im Sinne der Klassifizierung durch den NCC (s. S. 29) hat der Wald von Hallormsstaður aber nicht.
Für die seit 1930 existierende Isländische Waldgesellschaft war die Verbreitung des Walderhaltungs- und Aufforstungsgedankens in der Öffentlichkeit immer ein wichtiges Anliegen. Vermutlich auch deshalb wird ein Teil des Waldes von Hallormsstaður als Erholungswald genutzt. Der Zeltplatz von Atlavík etwa liegt inmitten eines stattlichen Baumbestandes. Weil in Island gerade der Wald eine äußerst empfindliche Lebensgemeinschaft ist, sollte man ihn nur auf den vorhandenen Wegen erwandern.

Pflanzen und Tiere

Im Hallormsstaðaskógur gibt es neben ausgedehnten Beständen mit fremdländischen Baumarten noch relativ große Flächen des in Island ursprünglichen Birkenwaldes. Er ist hier besonders hochstämmig. Bestandsbildend ist die Moorbirke. Die höchste Birke im Gebiet mißt 13 m. Vereinzelt wachsen Ebereschen, die gün-

Der Hausampfer ist im Hallormstaðaskógur entlang den Wegrändern sehr verbreitet.

Die Steinbeere ist eine Pflanze der Krautschicht des isländischen Birkenwaldes.

Im Wald und an Wiesen- und Wegrändern wächst die Rundblättrige Glockenblume.

stigstenfalls bis 12 m Höhe erreichen können. Der Boden ist dicht von einer artenreichen Krautschicht mit Waldstorchschnabel (S. 54), Rundblättriger Glockenblume, Echter Engelwurz (S. 62), Steinbeere, Preiselbeere (S. 72), Rauschbeere (S. 129), etlichen Gräsern und dichten Beständen des Wiesenschachtelhalmes bedeckt. Am Waldrand und entlang der Straße im Gebiet sind Echtes Labkraut (S. 54), Hausampfer, Vogelwicke und Alaskalupine häufig. Im Spätsommer kann man stattliche Exemplare des Birkenpilzes (S. 94) finden. Auf den dem Wald benachbarten Zwergstrauchheiden kommen die typischen Arten dieser Pflanzengesellschaft vor: Schwarze Krähenbeere (S. 95), Zwergbirke (S. 78), Sumpfherzblatt (S. 131) und Frühblühender Thymian. Sehr zahlreich wachsen dort die Orchideen Westliche Kuckucksblume (S. 64) und Weißzüngel (S. 77).
In Hallormsstaður sind die typischen Waldvogelarten Zaunkönig und Birkenzeisig sehr häufig anzutreffen. Auch der Bergfink hat sich bereits eingestellt. An

Neben der Moorbirke ist die Eberesche die einzige einheimische Baumart in Island.

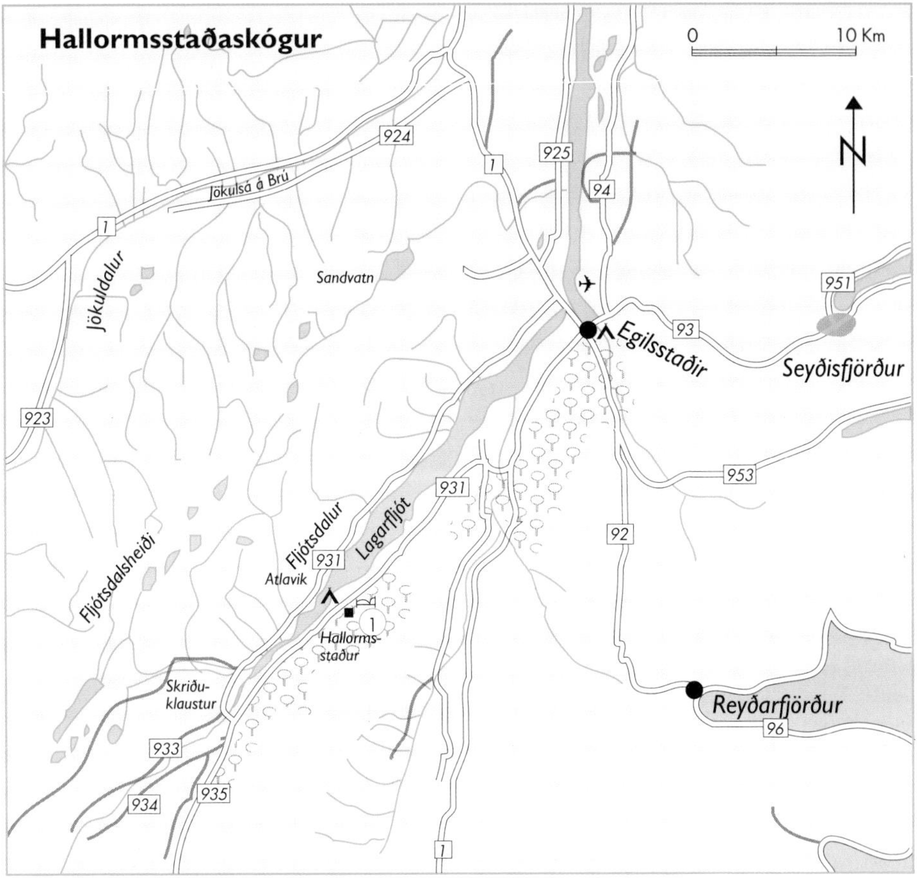

den Waldrändern sind Wiesenpieper (S. 107), Bachstelze und Rotdrossel (S. 105) regelmäßige Brutvögel. Der Merlin, der sich überwiegend von Kleinvögeln ernährt, kann ziemlich oft beobachtet werden. Manchmal ist er sehr vertraut und sitzt auf Bäumen direkt an der Straße.

Im Gebiet unterwegs

In unmittelbarer Nähe der Baumschule von Hallormsstaður ① gibt es einen Lehrpfad. Hier sind die angepflanzten fremdländischen Bäume mit Nummernschildern versehen. Es handelt sich neuerdings vorwiegend um Baumarten aus dem westlichen Nordamerika und aus Sibirien, wie beispielsweise die Alaskapappel und die Sibirische Lärche. Die Aufforstungsstation bietet Lehrwanderungen, deren Termine an der Baumschule und an einem Tor an der Straße angeschlagen werden. Von der Straße aus führen mehrere Wege in den Wald, auf denen man wandern kann.

Der dem Wald benachbarte große See **Lagarfljót** ist relativ uninteressant. Bis auf einige Singschwäne (S. 37), die sich manchmal im Spätsommer darauf aufhalten, ist die Wasserfläche gewöhnlich leer.

Wald in Island

Heute ist Island praktisch ein waldloses Land. Nur weniger als 2 % seiner Fläche sind mit Wald bestanden. Das war nicht immer so. Der isländische Geschichtsschreiber Ári derWeise (geb. 1067) behauptet in der Einleitung zu seinem Isländerbuch (isl. »Íslendigabók«): »Das Land war vom Strand bis zu den Bergen mit Wald bewachsen.« Viele Wissenschaftler betrachten diese Aussage als übertrieben.

Dennoch steht fest, daß zur Zeit der Landnahme etwa 25 bis 30 %, wenn nicht 40 %, des Landes bewaldet waren. Vom Thing Geächtete, die straflos von jedermann getötet werden durften, wurden als »Waldgänger« oder »Waldmänner« bezeichnet, weil sie sich auf der Flucht oft in waldigen Gegenden aufgehalten haben. Zahlreiche Orts- und Flurnamen enthalten die Bestandteile »skógur« (= Wald/Holz), »holt« (= Gehölz), »viður« (= Holz), »mörk« (= Wald), »reynir« (= Eberesche) oder »birki/björk« (= Birke) und deuten auf die einst höhere Waldbedeckung hin.

Dabei darf man sich den isländischen Wald zur Wikingerzeit nicht als Hochwald europäischen Zuschnitts vorstellen. Vielmehr wird es sich um eine Art Niederwald, manchmal um nicht mehr als ein mannshohes Gebüsch aus Moorbirke (oder Fjellbirke) und aus Wolliger und Zweifarbiger Weide gehandelt haben. Die frühen Besiedler holzten ihn überall ab, weil sie Bau- und Brennholz brauchten. Weiterhin stellten sie aus den Birkenstämmen Holzkohle her, die man zur Verhüttung des eisenerzähnlichen Sumpferzes benötigte. Der Wald wurde systematisch gerodet, um Weideflächen für das Vieh zu schaffen.

Dazu kamen Schäden durch Viehverbiß und Viehtritt, die schließlich großflächig zur Freilegung des Bodens und zu Deflationen (= Ausblasung des Bodens) großen Ausmaßes führten.

Schon bald nach Beginn der Besiedlung des Landes war der größte Teil des Waldes zerstört.

Bereits seit der Jahrhundertwende hat man versucht, Restbestände des ursprünglichen Birkenwaldes zu schützen und neuen Wald aufzuforsten. Aufforstungsstationen befinden sich unter anderem in Hallormsstaður, Ásbyrgi (s. S. 53), bei Akureyri, in Þingvellir (s. S. 93) und bei Kirkjubæjarklaustur.

Dabei hat man seit der Jahrhundertwende auch fremdländische Gehölzarten angepflanzt, insgesamt mehr als 100 verschiedene Arten aus mehr als 600 Anbaugebieten. Von ihnen haben sich die aus Nordamerika stammenden Sitkafichten, Alaskapappeln und Drehkiefern sowie die eurasischen Arten Russische und Sibirische Lärche und außerdem die Gewöhnliche Fichte aus Europa am besten bewährt. Die ausländischen Hölzer hat man angepflanzt, weil die Wuchsleistung der Moorbirke als einziger bestandbildender einheimischer Art sehr zu wünschen übrig läßt und ihre Verwertbarkeit beschränkt ist. Zudem ist sie anfällig gegen Schädlinge. Hingegen ist sie gut geeignet als Schutz- oder Vorwald für Nadelholzbestände.

Bis heute sind in Island 6000 von geplanten 41 000 ha aufgeforstet worden. Insbesondere vom Isländischen Forstdienst und von 30 lokalen Forstgemeinschaften werden pro Jahr gegenwärtig durchschnittlich 80 000 Bäume in die Erde gebracht. Anbauversuche mit südamerikanischen Baumarten z. B. der Gattung *Nothofagus* (= Scheinbuche) sind sämtlich fehlgeschlagen.

Die Vogelwicke wächst vorzugsweise auf grasigen Weiden und an Wiesen- und Wegrändern.

Praktische Tips

Anreise

Die Anreise erfolgt über die Straße 1. Gut 10 km südlich von Egilsstaðir zweigt die anfangs asphaltierte Straße 931 ab und führt direkt bei Hallormsstaður vorbei.

Klima/Reisezeit

Das Klima ist für isländische Verhältnisse mit einer Jahresdurchschnittstemperatur von 3,5 °C und knapp 700 mm Niederschlag pro Jahr etwas kontinentaler als an der rund 50 km entfernten Ostküste. Die beste Reisezeit ist von Ende Mai bis Ende August. Wer jedoch die Brutvögel beobachten will, sollte früh im Jahr kommen.

Der Birkenzeisig ist der häufigste Waldvogel Islands.

Unterkunft/Information

Etwa 1 km südlich der Baumschule von Hallormsstaður liegt der Zeltplatz von **Atlavík**, in manchen Broschüren auch als Zeltplatz vom Hallormsstaðaskógur bezeichnet, der vom 01.06. bis zum 31.08. jedes Jahres geöffnet ist. In der Nähe gibt es eine Tankstelle mit einem kleinen Lebensmittelladen. Nicht weit davon liegen ein Edda-Hotel und ein Gästehaus, das sich »Sommerhotel von Hallormsstaður« nennt und Übernachtungen mit Frühstück anbietet. Es ist geöffnet vom 29.06. bis zum 10.08. Daneben findet der Reisende weitere Hotels und Gästehäuser, zum Teil auch mit Schlafsackunterkunft, in Egilsstaðir.
Touristische Informationen erhält man im Edda-Hotel, Auskünfte zur Biologie des Lebensraumes in der Forststation von Hallormsstaður. Man kann für ein geringes Entgelt eine Broschüre über das gesamte Gebiet von Hallormsstaður und eine andere über eine Art Waldlehrpfad (mit Auflistung der Arten) im Bereich der Baumschule erstehen. Beide sind allerdings nur in isländischer Sprache erhältlich.

Karten

Generalkarte Island, Blatt 8, Mittelostisland, 1:250 000, Landmælingar Íslands, 1987.

Blick in die Umgebung

Nach 1 bis 1 1/2 Stunden Autofahrt erreicht man das Flußdelta **Héraðsflói** (s. S. 37). Mit einem geländegängigen Wagen kann man eine Exkursion zum erloschenen Vulkan **Snæfell** durchführen (s. S. 143).

2 Héraðsflói

Flußdelta mit Feuchtgebieten und Niedermoorgesellschaften neben kultivierten Wiesenflächen; Brutgebiet von zahlreichen Limikolen, Singschwänen, Graugänsen, Enten und Raubmöwen.

Wenn man als Reiseweg nach Island die Anfahrt mit der Fähre nach Seyðisfjörður gewählt hat, ist der Héraðsflói (isl. »flói« = große Bucht oder Sumpf) das erste Vogelparadies auf der Reiseroute im Land. Es handelt sich um eine großflächige Niederungslandschaft im Nordosten Islands. Niederungslandschaften sind Aufschüttungsebenen der Flüsse aus dem Landesinneren. Sie werden unterschieden von den Sandern, jenen Sand- und Schotterflächen, die direkt im Vorfeld der Gletscher abgelagert werden, wie es etwa bei Mýrdals- oder Skeiðarársandur in Südisland der Fall ist. Im Prinzip sind jedoch auch Niederungslandschaften nichts anderes als Sanderflächen, die allerdings weit entfernt von den Gletschern abgelagert wurden.
Die Mündungsarme zweier mächtiger Gletscherflüsse, **Jökulsá á Brú** und **Lagarfljót**, aufgespalten in zahlreiche Nebenarme, durchfließen ein bis zu 15 km breites Trogtal, das von mehrere hundert Meter hoch aufragenden Wänden begrenzt wird. In der Nacheiszeit unterlag die Bucht der Transgression, d. h. das Meer konnte ins Land vordringen, in diesem besonderen Fall wegen der flachen Geländeverhältnisse sogar bis zu 90 km weit. Heute stellt sich das Gebiet als ausgedehntes Flußdelta dar mit stark verzweigten Flußarmen, Seen, Tümpeln und viel sumpfigem Gelände auf Schwemmland sowie einer Ausgleichsküste.

Ein Singschwanenpaar mit Jungen.

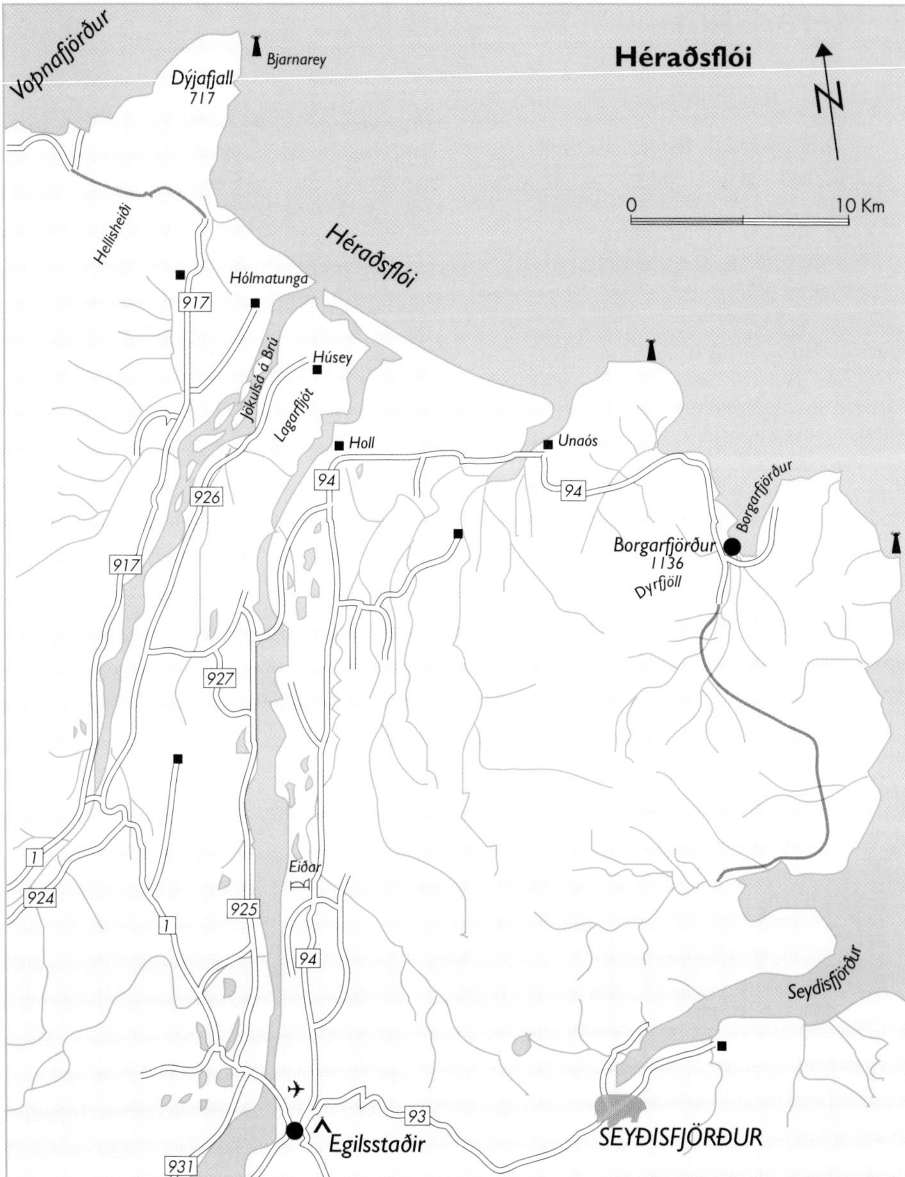

In weiten Teilen sind Sand und Löß angeweht worden. Solchermaßen bevorzugte Böden werden vor allem als Mahdwiesen genutzt. An anderen Stellen befinden sich Niedermoore, die gegenwärtig weitflächig drainiert und ebenfalls zunehmend einer agrarischen Nutzung zugeführt werden.

Pflanzen und Tiere

In den Flachmooren sind Scheuchzers Wollgras und Schmalblättriges Wollgras (S. 118) überall häufig. In Tümpeln und wassergefüllten Senken schwimmt der Haarblättrige Hahnenfuß, in ihrem Uferbereich wachsen ausgedehnte Bestände von Fieberklee, Sumpfblutauge (S. 50), Tannenwedel und zahlreichen Seggenarten. Wenn die Tümpel im Spätsommer austrocknen, bedecken dichte Bestände des Wurzelnden Sumpfhahnenfußes den Boden. Auf den Zwergstrauchheiden höherliegender und zum Teil felsiger Bereiche sind Zwergbirke (S. 78), Arktische Grauweide (S. 121), Knöllchenknöterich (S. 93), Frühblühender Thymian, Silberwurz (S. 107), Sumpfherzblatt und Simsenlilie typisch.
Mit Ausnahme des Meerstrandläufers sind alle häufigeren Limikolenarten Islands im Delta anzutreffen. Im sumpfigen Gelände brüten Bekassine (S. 73), Odinshühnchen und Alpenstrandläufer (S. 63). In den trokkenen Bereichen mit Zwergbirkenbeständen nisten Regenbrachvogel und Goldregenpfeifer (S. 27). Im höheren Gras der Weiden und Wiesen legen Rotschenkel und Uferschnepfen (S. 75) ihre Gelege an. Weitere Brutvögel sind Sterntaucher, Singschwan, Stock-, Krick- und Eisente, Küstenseeschwalbe und Schmarotzerraubmöwe. Die Skua hat hier einen von zwei Brutplätzen im nördlichen Island. Im gesamten Areal ist der Wiesenpieper (S. 107) häufig und kann im Frühsommer ständig beim Singflug angetroffen werden. Auf den Strandwällen direkt am Meer ruhen sich häufig größere Gruppen von Seehunden (S. 77) aus.
Die ansässigen Bauern sammeln auch heute noch zahlreiche Grauganseier und brüten sie in Maschinen aus. Die an Menschen gewöhnten Graugänse sind angeblich besser zu beaufsichtigen als Hausgänse und entfernen sich nicht von den Höfen. Lange Zeit haben die Bewohner des Deltas

Der Regenbrachvogel brütet häufig im Delta.

Fleischjagd auf Seehunde betrieben, wenn sich diese auf den Sandbänken direkt an der Küste aufgehalten haben. Die Jagd auf Seehunde hat zuletzt stark nachgelassen.

Im Gebiet unterwegs

Der Nordosten des Deltas, die Wiesenlandschaft **Hjaltastaðarþinghá** und das im Nordwesten anschließende 717 m hohe Bergmassiv des **Dýjafjall** sind Schutzgebiete, allerdings nicht mit hohem Schutzstatus. Wenn man Vögel beobachten will, soll man das von den Wegen aus tun. Wer ins Gelände läuft, veranlaßt brütende Vögel, vom Nest aufzustehen. Man kann sein Auto als rollendes Versteckzelt einsetzen und sich so vielen Vögeln ohne zu stören gut nähern. Bei Rotschenkeln und Uferschnepfen, die sich der besseren Übersicht wegen gern auf Weidezaunpfählen niederlassen, kann man vom Auto aus sogar zu guten Fotos gelangen.
Mehrere gut befahrbare Straßen führen ins Gebiet. Bei Egilsstaðir zweigt die Straße 94 von der Straße 1 ab und erschließt den Osten des Héraðsflóis. Kurz bevor sie sich über viele Spitzkehren steil bergan aus dem Delta hinaus nach Osten windet, liegt sie zwischen den Höfen **Hóll** und **Unaós**

Das Odinshühnchen zeigt sich Menschen gegenüber oft ausgesprochen furchtlos. Bei dieser Art übernimmt das Männchen die Jungenaufzucht (s. S.42).

Die Niederungslandschaft des Héraðsflói mit vielen Seen und

auf einem leicht erhöhten Damm inmitten zahlreicher Wasserflächen ①. Hier kann man vom Weg aus Singschwäne, Odinshühnchen, Regenbrachvögel und Schmarotzerraubmöwen beobachten. Die Straße 925 am Westufer der Lagarfljót ②, die 926 am Ostufer der **Jökulsá á Brú** ③ und die 917 an deren Westufer sind ebenfalls gut geeignet für die Vogelbeobachtung. Es kann passieren, daß man auf weniger als 100 m von der Straße entfernten Tümpeln Junge führende Sterntaucher sieht. Odinshühnchen halten sich manchmal auf Pfützen direkt am Straßenrand auf und flüchten selbst bei Annäherung von Menschen auf unter 10 m nicht. Vor allem auf den Zwergbirkenheiden brüten zahlreiche

Das Héraðsflói-Delta ist einer von zwei Brutplätzen der Skua im nordöstlichen Island.

Flachmooren.

Graugänse. Man sieht sie selten, weil sie sich sehr gut in der Vegetation zu verstecken vermögen. Im Spätsommer sammeln sich die Gänsefamilien am Ufer größerer Gewässer, auf die sie sich bei Störungen sofort zurückziehen.

Praktische Tips

Anreise

Die Anreise erfolgt mit dem Auto oder Fahrrad über die Straße 1. Von ihr gehen nacheinander die Pisten 94, 925 und 917 ab, die alle ins Gebiet führen und sich dort weiter verzweigen. Mit dem Linienbus kann man das Delta über die Strecke Egilsstaðir–Borgarfjörður erreichen.

Der Sterntaucher brütet auf kleinen Tundratümpeln, fischt aber meist im Meer.

Wurzelnder Sumpfhahnenfuß (Blütezeit: Juli).

Große Bestände des Tannenwedels säumen Tümpel, Flüsse und Gräben.

Odinshühnchen

Das Odinshühnchen ist ein Watvogel aus der Familie der Wassertreter, von denen es 3 verschiedene Arten gibt. (Das nahe verwandte Thorshühnchen ist ebenfalls Brutvogel in Island, jedoch ausgesprochen selten und stark im Rückgang begriffen.) Wie ein Korken schwimmen diese Vögel auf dem Wasser. Ihre Nahrung – Insekten und deren Larven – picken sie von der Oberfläche auf, oft nachdem sie sie mit einem durch heftige Beinbewegungen erzeugten Wasserstrom nach oben gestrudelt haben. Dabei drehen die Vögel sich manchmal auffallend schnell um die eigene Achse.
Das Odinshühnchen lebt zirkumpolar in der Arktis und Subarktis. Es brütet in der Moos- und Strauchtundra am Ufer von Süßwassertümpeln, die von Seggen und anderen Sumpfpflanzen gesäumt werden. Den Winter verbringen die Vögel auf den südlichen Ozeanen, oft Tausende von Kilometern entfernt von jeder Küste.
Bei den weitaus meisten Vogelarten ziehen Männchen und Weibchen ihre Nachkommen gemeinsam auf; nicht selten besorgt das Weibchen das Brutgeschäft weitgehend allein. Ausgesprochen selten ist der Fall, daß das Männchen die Jungenaufzucht übernimmt. Ein Odinshühnchen, das Junge führt, ist immer ein Männchen. Man spricht hier von einer Vaterfamilie.
Beim Odinshühnchen sind die Weibchen größer, aggressiver und prächtiger gefärbt. Bei der Balz prügeln sie sich regelrecht um die etwas mickrigen Männchen. Diese übernehmen hingegen die Anlage des Nestes, das Ausbrüten der Eier und die Aufzucht der Jungen. Sobald die Weibchen Eier gelegt haben, verpaaren sie sich erneut oder schwimmen mit anderen Geschlechtsgenossinnen in kleinen Trupps auf Gewässern in der Nähe der Brutreviere umher.
Das bunte Federkleid der Weibchen und ihre Kampfeslust entwickeln sich durch eine relativ starke Absonderung »männlicher« Hormone in den Eierstöcken. Dagegen bildet sich der Brutfleck bei den Männchen nur unter dem Einfluß des eigentlich »weiblichen« Hormons Prolaktin aus, das z. B. bei Säugetieren während der Stillzeit die Milchdrüsen aktiviert. Da die Weibchen dieses Hormon nicht erzeugen können, sind ausschließlich die Hähne in der Lage zu brüten. Sie führen anschließend auch die Jungen. Geringe Mengen von Hormonen, die bei den meisten Vogelarten üblicherweise für das jeweils andere Geschlecht spezifisch sind, bewirken also diesen Rollentausch der Geschlechter.
Odinshühnchen und ihre Verwandten haben diese Art der Brutbiologie im Laufe einer langen Evolution entwickelt. Auf diese Weise stehen in der im Norden überaus kurzen Fortpflanzungsperiode ständig legebereite Weibchen zur Verfügung, die Gelegeverluste augenblicklich wieder ausgleichen können.
Auffällig ist die Zutraulichkeit mancher Odinshühnchen gegenüber Menschen. Manchmal lassen sie Beobachter auf weniger als 5 m an sich herankommen. Ja, es soll vorgekommen sein, daß sie durch die Beine eines im flachen Wasser stehenden Beobachters hindurch fortgeschwommen sind. »Furchtlosigkeit« oder »Pseudozahmheit« nennen die Wissenschaftler solches Verhalten. Es ist bei Tierarten auf abgelegenen Inseln oder in menschenfernen Lebensräumen durchaus verbreitet.

Klima/Reisezeit
Das Klima kann als trocken-kaltgemäßigt bezeichnet werden mit Jahres-Durchschnittstemperaturen um 2–3 °C und relativ geringen Niederschlägen von 500–600 mm. In dem flachen Gelände kann es oft heftige Sandstürme geben. Die beste Reisezeit ist der Frühsommer, wenn die zahlreichen Vogelarten brüten.

Unterkunft/Information
Der nächstgelegene Zeltplatz befindet sich bei Egilsstaðir; er ist vom 01.06. bis zum 31.08. geöffnet. 12 km nördlich von Egilsstaðir liegt an der Straße 94 ein Edda-Hotel bei Eiðar. Die einzige Unterkunft im Gebiet ist ein Gästehaus bei Húsey am Ende der Straße 926.

Karten
Generalkarte Island, Blatt 7, Nordostisland, 1:250 000, Landmælingar Íslands, 1991. Straßenkarte Island, 1:500 000, Landmælingar Íslands, 1991[5].

Die Graugans (oben) brütet zahlreich im Delta. Die im Zwergbirkenbestand verborgenen Nester sind mit Daunen ausgepolstert (unten).

Blick in die Umgebung

Nach Osten führt die Straße 94 über eindrucksvolle Steilkehren mit 15 % Steigung aus dem Delta heraus in Richtung **Borgarfjörður**. Vom Berghang aus hat man einen beeindruckenden Blick auf das gesamte Héraðsflói-Delta und auf die Berge der gegenüberliegenden Bergkette, die bis weit in den Sommer hinein teilweise mit Schnee bedeckt sind. Nicht weit von Borgarfjörður erhebt sich das Bergmassiv **Dyrfjöll** mit bunten Rhyolithhängen. Die hier gebirgsbildenden Basalte stammen aus dem Tertiär und sind mit die ältesten Gesteine auf der Insel (s. S. 10). Nach Westen hinaus führt die Straße 917 auf einem noch steileren Weg hinauf auf die **Hellisheiði** (nicht zu verwechseln mit der Hellisheiði südlich von Reykjavík), eine wunderschöne mit Zwergstrauchtundren-Vegetation bestandene Hochgebirgslandschaft.

3 Melrakkaslétta

Unwirtliche Halbinsel mit nur noch wenigen bewirtschafteten Höfen in Nordostisland; typische subpolare Tundrenlandschaft mit þúfur-Vegetation; vergleichsweise regelmäßige Vorkommen des Eisfuchses; Brutplatz für Taucher, Limikolen und Entenvögel; einer von zwei Brutplätzen des Baßtölpels in Nordisland.

Auf der Halbinsel Melrakkaslétta befindet sich am Leuchtturm an der Spitze der Landzunge **Hraunhafnartangi** der nördlichste Punkt Islands, wenn man von der Insel Grímsey und dem Felseneiland Kolbeinsey einmal absieht. Die Nordspitze liegt nur eineinhalb Kilometer südlich des Polarkreises. Melrakkaslétta bedeckt ungefähr eine Fläche von 1000 km^2. Sie wird gesäumt von den Buchten Öxarfjörður im Westen und Þistilfjörður im Osten. Es handelt sich um eine flache Plateaulandschaft mit vielen kleinen Seen, über die die häufigen nordatlantischen Stürme ungehindert hinwegfegen können. Nur an der Ost- und Westseite bieten schmale Bergrücken etwas Windschutz. Hier finden sich auch die wenigen verbliebenen Höfe.

Melrakkaslétta ist eine rauhe, unwirtliche Gegend. Die Schneeschmelze verwandelt alljährlich die feuchte Ebene in einen unpassierbaren Morast, so daß der Weg quer über die Halbinsel früher zu dieser Jahreszeit völlig unpassierbar gewesen ist. In vielen Jahren ist Melrakkaslétta bis weit in den Sommer hinein von Treibeismassen umklammert. Dann sinken die Durchschnittstemperaturen um 3–3,5 °C. In harten Wintern friert das Gras weit zurück und kann sich in der folgenden Vegetationsperiode nicht hinreichend erholen. In solchen Zeiten steht nicht genügend Futter für die Haustiere zur Verfügung. Viele Pferde und Schafe sind in der Vergangenheit nach Kälteeinbrüchen eingegangen. Den Winter 1967/68 z. B. überlebte die Hälfte der Schafe im Gebiet nicht.

Zusätzlich zur Viehzucht haben sich die Bewohner in früherer Zeit deshalb nach anderen Erwerbsquellen umgesehen. Die Jagd auf Seehunde und das Sammeln von Treibholz haben den Siedlern jahrhundertelang zu überleben geholfen. Heute spielen diese Wirtschaftszweige keine Rolle. Auch die meisten Eiderentenkolonien liefern keinen Profit mehr, weil immer mehr Gelege dem Anfang der 60er Jahre eingewanderten Nerz zum Opfer fallen. Seit-

◀ Die jungen Dreizehenmöwen bleiben im Unterschied zu anderen Möwen am Nestplatz bis sie flügge sind.

Am Vogelfelsen von Rauðinúpur brüten zahlreiche Dreizehenmöwen. Hier befindet sich eine von zwei Baßtölpelkolonien im Norden Islands. ▶

dem ist die Daunenproduktion in der Region im Vergleich zur Jahrhundertwende auf unter 10 % zurückgegangen.
So ist es kein Wunder, daß mehr und mehr Bauernhöfe aufgegeben wurden. Dem Gebiet droht eine allgemeine Landflucht, genau wie vielen Teilen in Nordwestisland. Mittlerweile sind aber die Straßenverhältnisse sehr gut, seit 1983 ist die Gegend an die allgemeine Stromversorgung angeschlossen. Die verbliebenen Bewohner haben die Fisch- und Pelztierzucht als neue Wirtschaftszweige entdeckt. Ob die Abwanderung nun gestoppt ist, muß man abwarten. Die Nordostspitze der Insel ist heute als eine Art Landschaftsschutzgebiet ausgewiesen.

Pflanzen und Tiere

Die subpolare Tundra der Halbinsel ist mit Zwergsträuchern sowie Moosen und Flechten bewachsen. Zwergbirke (S. 78), Schwarze Krähenbeere (S. 95), Besenheide (S. 94), Alpenfrauenmantel und Kleiner Klappertopf dominieren. Nirgendwo sonst in Island gibt es so ausgeprägte und regelmäßige Buckelwiesen oder Erdbülten-Flächen wie auf Melrakkaslétta. **Þúfur** (isl. »kleine Bodenerhebung«) werden sie genannt. Sie entstehen durch Frosthub, wenn sowohl durch tages- als auch durch jahreszeitlichen Frostwechsel der Boden immer wieder gefriert und auftaut und dadurch feines und grobes Bodenmaterial sortiert

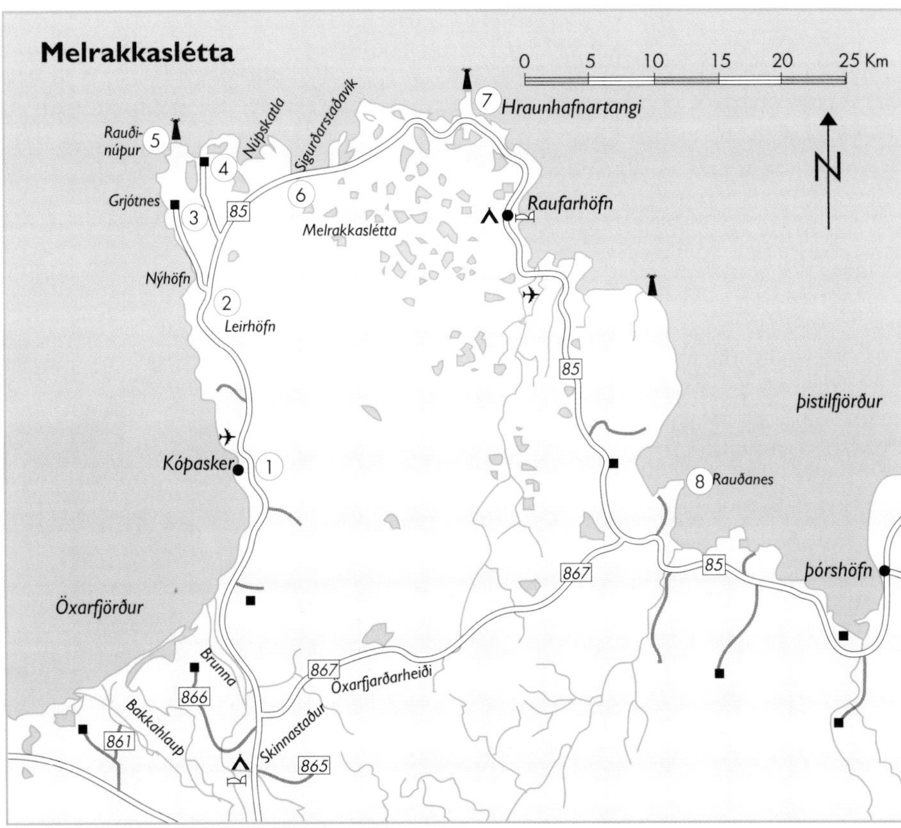

wird. In Abhängigkeit vom Feuchtigkeitsgrad des Bodens und der Höhenlage des Standorts sind die þúfur-Hügel mehr mit Gräsern oder mehr mit Zwergsträuchern bestanden. Wo unter solchen Bedingungen der Boden vegetationslos ist, bilden sich Frostmuster- oder Steinringböden, etwa in der Hocharktis.
In den feuchten und moorigen Partien der Halbinsel wachsen u. a. Schmalblättriges und Scheuchzers Wollgras (S. 118), viele Seggen, Tannenwedel (S. 41), Sumpfblutauge, Bachnelkenwurz und Wurzelnder Sumpfhahnenfuß (S. 41).
Östlich der Hügelkette hinter dem Hof **Leirhöfn** liegt eine Landschaft, die übersetzt »Ebene der Füchse« heißt. Der Name deutet schon darauf hin, daß der Eis- oder Polarfuchs hier ein regelmäßiges Vorkommen hat. Seine Nahrungsgrundlage stellen die Jungen des hier häufigen Alpenschneehuhns dar. In der hügeligen þúfur-Vegetation kann er sich gut verstecken. Er hat starke Konkurrenz bekommen, seitdem nach der Mitte dieses Jahrhunderts der aus Zuchtfarmen ausgebrochene Nerz nach Melrakkaslétta eingewandert ist. Vor allem in den Kolonien der bodenbrütenden Küstenvögel hat der Nerz gewütet.
In den Zwergstrauchheiden der subpolaren Tundrenlandschaft Melrakkasléttas leben Alpenschneehühner in großer Siedlungsdichte. Früher war die Jagd auf sie ein wichtiger Erwerbszweig in dieser Gegend. Daneben sind Goldregenpfeifer (S. 27), Regenbrachvogel (S. 39), Schmarotzerraubmöwe (S. 28), Steinschmätzer (S. 119) und Schneeammer (S. 60) häufige Brutvögel. 1987 wurde der erste Brutnachweis für den Großen Brachvogel hier erbracht.
Im moorigen und sumpfigen Inneren der Halbinsel brüten Rotschenkel (S. 75), Odinshühnchen (S. 40), Alpenstrandläufer (S. 63) und, seit er 1952 nach Island eingewandert ist, auch einige Paare des Bruchwasserläufers.
An den zahlreichen Seen nisten Sterntaucher (S. 41), Ohrentaucher (S. 73), Singschwäne (S. 37), Mittelsäger (S. 101), Stock-, Pfeif-, Spieß-, Berg- und Reiherenten (S. 67). Auch der Eistaucher ist Brutvogel auf Melrakkaslétta. Lachmöwenkolonien sind nicht selten. Häufiger Gast aus den umliegenden Bergen ist der Kolkrabe. In Strandnähe brüten Küstenseeschwalbe (S. 126) sowie Silber- (S. 111) und Mantelmöwe. Auf dem Frühjahrs- und Herbstzug rasten große Scharen von Limikolen an den Sandstränden im Norden und Osten der Halbinsel: Knutt, Steinwälzer (S. 101) und Sanderling, die nicht in Island brüten, sowie Alpen- (S. 63) und Meerstrandläufer (S. 62).

Das Alpenschneehuhn kann sich in der Þúfur-Vegetation gut verstecken.

Im Gebiet unterwegs

Es bietet sich eine Umrundung der Halbinsel auf den Straßen 85 und 867 an, die 146 km lang ist. Auf den Seen unmittelbar bei der Ortschaft **Kópasker** ① brüten Sterntaucher und Mittelsäger, daneben mehrere Entenarten, darunter Krick- und Pfeifenten. Weitere lohnende Exkursionsziele sind die Seen bei **Leirhöfn** ②, auf denen ebenfalls Sterntaucher brüten. An der Nordwestspit-

Der Eis- oder Polarfuchs kommt auf Melrakkaslétta noch ziemlich häufig vor.

ze der Halbinsel zweigt eine Stichstraße zum Gehöft **Grjótnes** ③ ab. Auf dem Meer sind regelmäßig Gryllteisten, Krähenscharben und Eiderenten zu sehen, in der Luft Baßtölpel.

Nur wenige hundert Meter weiter zweigt der Weg zum Bauernhof **Núpskatla** ④ ab. Von diesem Gehöft aus kann man in 25 Minuten zur Nordwestspitze der Halbinsel laufen, zum erloschenen Vulkan **Rauðinúpur** ⑤. Auf den zum Meer abfallenden Klippen des Kraters und zwei vorgelagerten Felsnadeln brüten zahlreiche Dreizehenmöwen, Lummen, GrylIteisten, Eissturmvögel und vielleicht 100–150 Paare des Baßtölpels. Von der oberen Kante des Steilfelsens kann man versuchen mit Hilfe eines Autofokusobjektivs Flugaufnahmen von landenden Eissturmvögeln zu machen. Doch Vorsicht! Das lockere vulkanische Material bröckelt stark. Unterhalb des Leuchtturms von Rauðinúpur befindet sich eine kleine Papageitaucherkolonie. Oberhalb des Vogelfelsens kann man mit etwas Glück jagende Gerfalken und Skuas beobachten. Der Weg von Núpskatla zum Vogelfelsen führt an einer kleinen Eiderentenkolonie vorbei, die offenbar noch bewirtschaftet wird. Im Geröll am Meeresstrand halten sich häufig Schneeammern auf, im Herbst auch Meerstrandläufer.

An der Nordküste von Melrakkaslétta liegen bei der Ortschaft **Sigurðarstaðir** ⑥ mehrere Seen, an denen Eisenten, Singschwäne und Graugänse brüten. Folgt man der Straße 85 weiter, erreicht man an der Nordostecke der Halbinsel die Land-

Auf Melrakkaslétta gibt es die schösten Buckelwiesen, die isländisch Þúfur genannt werden.

Eisfuchs

Zur Zeit der Landnahme durch die Wikinger war der Eis- oder Polarfuchs das einzige landbewohnende Säugetier in Island. Vermutlich hat er die Insel über das Packeis im Gefolge des Eisbären erreicht, von dessen Nahrungsresten er im Winter oft lebt. Eisfüchse sind kleiner als Rotfüchse; nur selten werden sie schwerer als 7–8 kg. Der Eisfuchs lebt zirkumpolar in den Kältesteppen Nordamerikas und Sibiriens, auf dem nordskandinavischen Fjell und in Island und Grönland. Fast überall ernährt er sich hauptsächlich von Lemmingen, die jedoch in Island fehlen. Hier lebt er im Binnenland vor allem von Schneehühnern und Wasservögeln und deren Eiern und Jungen. Auch Beeren und tote Schafe verschmäht er nicht. An der Küste frißt er angeschwemmtes Aas, Muscheln, Fische und Robbenkadaver. Im Sommer ist der Tisch vor allem im Bereich von Vogelfelsen reich für ihn gedeckt.

Das Winterfell des Eisfuchses ist im Verhältnis zur Körpergröße ausgesprochen dicht und langhaarig. Es gibt zwei Farbschläge, die man nach dem Aussehen des Winterpelzes unterscheidet: Eine bis auf die schwarze Schwanzspitze reinweiße Farbvariante, den »Weißfuchs«, und eine fast schwarze oder anthrazitfarbene, stahl- bis blaugraue, manchmal kastanienbraune Phase, den »Blaufuchs«. In Island gehören 70% der Tiere der Farbvariante »Blaufuchs« an. Im Sommer sind diese Exemplare schokoladenbraun, mit beigefarbenem Schwanz und hellen Ohren. Tiere des weißen Farbschlages sind im Sommer oben dunkelbraun, unten hellbeigegrau. Wegen des milderen Klimas mit geringem Schneefall leben Blaufüchse vor allem an der Küste. Im schneereichen Binnenland überwiegen die Weißfüchse. Die unterschiedliche Färbung ist also eine Anpassung an die Umgebung.

Die Bestandsgröße des Eisfuchses schwankt in Abhängigkeit vom Nahrungsangebot. Stehen viele Beutetiere zur Verfügung, sind fast alle Fuchsbaue besetzt. Dann tollen bis zu 10 Junge vor den vielen Eingängen umher. Sind Beutetiere knapp, gibt es oft gar keine Jungen. Da Jahr für Jahr gleichviele Fetusse in der Gebärmutter der Fähe heranwachsen, vermutet man, daß sie vom umliegenden Gewebe resorbiert werden, wenn sich für den Sommer keine ausreichende Nahrungssituation abzeichnet. Dadurch wird wenigstens das Überleben des Alttieres sichergestellt. Ohnehin erlebt nur eines der zehn Wurfgeschwister seinen ersten Geburtstag; denn wer sich erfolgreich gegen seine hungrigen Geschwister durchgesetzt hat, dem steht ein langer Winter mit wenig Nahrung bevor.

Islands Bauern haben versucht, den Eisfuchs auszurotten, weil sie geglaubt haben, daß er Schafe reißt. Doch alle Versuche sind fehlgeschlagen. Sie haben ihn mit Gewehren, Fallen und mit Gift bejagt. Weil die vergifteten Köder nicht selten von Seeadlern gefressen wurden, ist ihr Einsatz seit 1964 verboten. Immerhin ist der Eisfuchs in Island selten geworden, und er ist, im Gegensatz zu anderen Stellen seines Verbreitungsgebietes, hier fast überall ausgesprochen scheu.

Am Rande von Tümpeln und Gräben wächst das Sumpfblutauge.

zunge **Hraunhafnartangi** ⑦ mit einem Leuchtturm an der Spitze. Mit Glück kann man hier Seehunde auf den vorgelagerten kleinen Schären beobachten. Südlich der Stadt **Raufarhöfn** liegt die Landzunge **Rauðanes** ⑧, an deren Steilküste sich ebenfalls ein Vogelfelsen befindet. Hier zweigt die Straße 867 nach Westen ab, die über die landschaftlich interessante **Öxarfjarðaheiði** durchs Gebirge nach Westen und nach 38 km wieder auf die 85 führt, kurz bevor diese die Jökulsá á Fjöllum überquert.

Praktische Tips

Anreise
Die Anreise erfolgt am besten über die Straße 85 aus Richtung Húsavík. Von Grímsstaðir aus Richtung Süden stößt die 864 im Südwesten von Melrakkaslétta auf die 85. Es gibt eine offizielle Buslinie nach Raufarhöfn.

Klima/Reisezeit
Das Klima ist gewöhnlich gemäßigt-ozeanisch; es kann aber in Wintern mit Treibeis sehr kalt werden. Die beste Reisezeit ist Mitte Juni bis Ende August. Wer vor allem Vögel beim Brutgeschäft beobachten will, sollte sehr früh im Jahr kommen. Doch auch ein Besuch im Herbst lohnt sich, weil dann viele Zugvögel die Küsten aufsuchen.

Unterkunft/Information
Der Zeltplatz in Raufarhöfn ist ziemlich komplett und komfortabel eingerichtet. Es gibt in der Nähe zusätzliche Übernachtungsmöglichkeiten in Gästezimmern, ein Hotel, einen Laden, ein Restaurant, eine Cafeteria, eine Tankstelle, eine Werkstatt sowie ein Schwimmbad und Sportmöglichkeiten. Eine weitere Unterkunftsmöglichkeit mit Camping und Gästehaus besteht auf der Zufahrt zur Melrakkaslétta an der Straße 85 in Skinnastaður.

Karten
Generalkarte Island, Blatt 7, Mittelnordisland, 1:250 000, Landmælingar Íslands, 1991.

Blick in die Umgebung

Wenn man mit dem Wagen der Straße 85 auf der Ostseite Melrakkasléttas nach Süden folgt, gelangt man bei Þjórshöfn zur Abzweigung der Straße 849, die auf die Halbinsel **Langanes** führt. In den Steilfelsen beim Leuchtturm **Fontur** an der nordöstlichen Spitze brüten Eissturmvögel, Lummen und Dreizehenmöwen. Der Baßtölpel hat hier neben Rauðinúpur seinen zweiten Brutplatz auf der Nordseite Islands. Unweit davon befindet sich eine Küstenseeschwalbenkolonie. Auf der Südseite der Halbinsel lohnt ein Besuch des Vogelfelsens **Skálabjarg**. Weitere interessante Gebiete in der Nähe sind das Öxarfjörður-Delta und der Jökulsárgljúfur-Nationalpark (s. S. 51).

4 Jökulsárgljúfur-Nationalpark

Nationalpark am Westufer des Gletscherflusses **Jökulsá á Fjöllum**; nahezu südlichster Punkt ist der **Dettifoss**, Europas mächtigster Wasserfall; sehenswert sind die gewaltige Jökulsá-Schlucht mit imposanten Felsformationen; nennenswerte Restbestände des isländischen Birkenwaldes; regelmäßiger Brutplatz von Gerfalke und Merlin.

Kernstück des Nationalparks im Nordosten Islands mit 35 km Länge und einer Fläche von 150 km² ist eine grandiose Flußlandschaft mit Wasserfällen, Schluchten und beeindruckenden Gesteinsformationen. Er wird durchflossen von dem mit 206 km zweitlängsten Fluß Islands, der **Jökulsá á Fjöllum**. Ihre Quellbäche entspringen am Nordrand des Vatnajökulls, bei den Gletscherzungen Dyngjujökull und Brúarjökull. Die Jökulsá-Schlucht (isl. »Jökulsárgljúfur«) ist eine der gewaltigsten des ganzen Landes. Über fünf Fallstufen hat sich der Fluß in die Basalte dieses Teils der aktiven Vulkanzone Islands mehr als 100 m tief eingeschnitten.
Der südlichste Wasserfall ist der **Sellfoss** mit einer Fallhöhe von 12 m. Nur wenig flußabwärts stürzen die vom Gletscherabrieb schmutzig graubraun gefärbten Wassermassen der Jökulsá am **Dettifoss** auf 100 m Breite 44 m tief in eine von Ba-

Basaltformationen an der Jökulsá á Fjöllum in Höhe von Hólmatungur.

saltsäulen gesäumte Schlucht. 200 000 Liter pro Sekunde kann die Wasserführung betragen. Jeder Liter Wasser führt bis zu 2 g Gesteinsfracht. Nur rund 5 km weiter

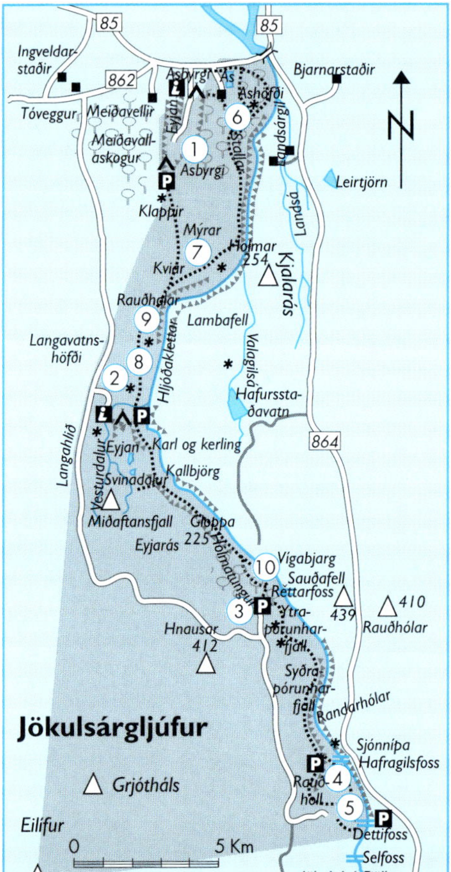

nördlich befindet sich die nächste, 27 m tiefe Fallstufe, der **Hafragilsfoss**. Weiter abwärts, in der Hafragils-Schlucht hat der Fluß bei **Randarhólar** den Förderschlot eines Vulkankraters angeschnitten.

Der mittlere Teil der Schlucht reicht vom **Réttarfoss** – einem Wasserfall mit 7 m Fallhöhe - bis zu den **Hljóðaklettar** nördlich von **Vesturdalur**. In diesem Bereich liegen interessante Basaltformationen bei Forvöð auf dem Ostufer. Dort und auf dem gegenüberliegenden Ufer bei **Hólmatungur** hat sich in der Umgebung einiger klarer Quellflüsse ein dichter, niedriger Birkenwald ausgebreitet. Früher gab es hier einen weiteren Wasserfall, den Vígabjargsfoss. Er hörte gleichsam auf zu existieren, als 1940 die Jökulsá aufgrund tektonischer Veränderung ihren Lauf verlegte. Nördlich der Schlackenkegel **Rauðhólar** fließt die Jökulsá wieder in einem engeren Cañon dahin und verläßt ihn fast 10 km weiter nordöstlich auf der Höhe von **Ásbyrgi**. Insgesamt überwindet der Fluß auf dem Gebiet des Nationalparks auf einer Strecke von weniger als 30 km einen Höhenunterschied von über 100 m.

In Ásbyrgi (isl. »Götterburg«) ist eine 3,5 km lange und 1,1 km breite Ebene von einer bis zu 100 m hohen steilen Basaltwand hufeisenförmig umschlossen. In der Mitte liegt der 90 m hohe Felskeil **Eyjan**. Der Sage nach hat hier Odins achtbeiniges Pferd Sleipnir einen gigantischen Fußabdruck hinterlassen. Geologisch handelt es sich um eine ehemalige Fallstufe der Jökulsá, die bis vor vielleicht 2000 Jahren hier ihren Lauf genommen hat, heute aber einen Kilometer weiter westlich fließt.

Das Geburtsjahr des Jökulsárgljúfur-Nationalparks ist 1973. Damals wurden der Hof Svínadalur und ein Teil der Ásheiði zum Schutzgebiet erklärt. 1974 kamen der Hof Ás, der in vergangenen Jahrhunderten zu den größten in ganz Island gehörte, und 1978 das Waldgebiet von Ásbyrgi hinzu, das jedoch der Forstverwaltung unterstellt wurde.

Pflanzen und Tiere

Rund 220 Gefäßpflanzenarten kommen im Nationalpark vor. In den geschützten Lagen, vor allem in der Umgebung von Ásbyrgi, finden sich Moorbirkenwälder mit Wolliger und Zweifarbiger Weide in der Strauchschicht. An Schutthängen und Felsvorsprüngen wächst die Eberesche (S. 33). In der Krautschicht treten Waldstorchschnabel, Gewöhnlicher Frauenmantel, Sumpfherzblatt (S. 131), Bachnelkenwurz, Echte Engelwurz (S. 62), Rauschbeere (S. 129) und Steinbeere (S. 33) auf. Selten sind Einbeere, Wiesenplatterbse und Schmalblättriges Weidenröschen. In den Wiesenlandschaften um Vesturdalur sind Herbstlöwenzahn, Kleiner Klappertopf, Schafgarbe, Großer Ampfer, Säuerling (S. 129) sowie Alpenlieschgras und Alpenrispengras (S. 121) regelmäßig anzutreffen. Die Hochflächen sind mit þúfur-Heiden bestanden, auf denen Zwergbirke (S. 78), Schwarze Krähenbeere (S. 95), Heidelbeere, Immergrüne Bärentraube (S. 133) und Nickendes Wintergrün wachsen. Typisch für den Park sind freigewehte Sandflächen, aus denen Vegetationsbuckel herausragen, die überwiegend mit Alpenfrauenmantel und Echtem Labkraut bestanden sind. Tümpel in sumpfigem Gelände sind oft von verschiedenen Seggenarten umsäumt. Häufig sind zwei Pilzarten, der eßbare Birkenpilz (S. 94) und der giftige Fliegenpilz.

Wie fast überall in Island sind Säugetiere selten. Der Eisfuchs (S. 48) lebt vereinzelt auf den hochliegenden Zwergstrauchheiden. Seit 1955 tritt der Nerz auf. Die Waldmaus ist im Parkgebiet verbreitet. Früher lebten verwilderte Rentiere im Park, die aber seit etwa 1930 nicht mehr gesehen worden sind.

Verglichen mit anderen Gebieten Islands ist die Vogelwelt nicht gerade reichhaltig, doch sind einige Arten zahlreich vertreten. Auf den Zwergstrauchheiden oberhalb der Jökulsá-Schlucht ist das Alpenschneehuhn

Der Gerfalke brütet regelmäßig im Jökulsárgljúfur-Nationalpark. Er ist zirkumpolar verbreitet.

(S. 47) verbreitet. Dort leben weiterhin Goldregenpfeifer (S. 27), Steinschmätzer (S. 119) und Wiesenpieper (S. 107). In den Wäldern und Weidengebüschen sind Rotdrossel (S. 105), Birkenzeisig (S. 36) und Zaunkönig (S. 32) zu Hause. An den Steilfelsen im Nationalparkbereich nisten Merlin, Gerfalke, Kolkrabe und Schneeammer (S. 60); letztere bewohnt auch Schutthalden. Rotschenkel (S. 75), Odinshühnchen (S. 40) und Bekassine (S. 73) halten sich in feuchten Senken nahe den Fluß- und Bachläufen auf. In der Nähe von Tümpeln brüten mehrere Entenarten, darunter Pfeif- und Stockente.

Im Spätsommer ziehen Enten und Gänse entlang der Jökulsá nordwärts zur Meeresküste. Im Steilfelsen von Ásbyrgi hat sich vor einiger Zeit der Eissturmvogel (S. 84) niedergelassen und, kilometerweit von der Meeresküste entfernt, eine stattliche Kolonie gebildet.

Im Spätsommer zieht der Wandersaibling flußaufwärts, Lachse hingegen sind sehr selten. Im See Ástjörn im äußersten Nordosten des Parks lebt der Dreistachelige Stichling. Vor kurzer Zeit wurden dort Forellen ausgesetzt.

Echtes Labkraut, eine Pflanze trockener Sand- und Wiesenflächen.

Der Waldstorchschnabel bildet oft dichte Bestände im Birkenwald.

Im Gebiet unterwegs

Das gesamte Nationalparkgebiet darf betreten werden. Reiten ist nur auf besonders markierten Pfaden gestattet. Kraftfahrzeuge dürfen die Straßen nicht verlassen, nicht einmal die Pistenränder sollen befahren werden. Wenn man bedenkt, wie stark die Winderosion gerade in diesem Schutzgebiet wirkt, sollte jeder es für selbstverständlich halten, dieser Aufforderung Folge zu leisten. Leider zeigen Fahrspuren neben den Wegen, daß selbst Besucher von Nationalparks die Notwendigkeit solcher Verbote nicht einsehen. Das Parkpersonal ist sehr oft damit beschäftigt, Reifenspuren vor allem auf Sandboden mühsam wieder einzuharken.

Bereits in unmittelbarer Nähe der am meisten von Touristen angefahrenen Stellen im Gebiet lassen sich außergewöhnliche Beobachtungen machen: In dem steilen Basaltfelsen auf dem Zeltplatz von **Vesturdalur** ② hat von 1987 bis 1990 der Gerfalke gebrütet. Hier sind 1990 zwei Jungvögel ausgeflogen. 1991 sind die Vögel offenbar umgezogen und haben in der Steilwand von **Ásbyrgi** ① genistet. Da die Vögel hier ihrem Brutgeschäft gleichsam unter den Augen des Parkpersonals nachgehen, sind sie zum Glück völlig ungefährdet. Insgesamt leben nach Angaben der Parkverwaltung 2–3 Gerfalkenpaare im Park. Genauso hoch wird der Bestand des Merlins geschätzt.

Die Jökulsá-Schlucht ist ein ideales Wandergebiet. Fahrstraßen führen zwar in ihre Nähe, doch muß man zur Schlucht schon immer einen kleinen Fußweg zurücklegen. Von den beiden Campingplätzen und den Parkplätzen bei **Hólmatungur** ③ , am **Hafragilsfoss** ④ und **Dettifoss** ⑤ aus führen

Pfeifente, hier ein Männchen im Prachtkleid.

Der 44m hohe Dettifoss ist der mächtigste Wasserfall Europas.

Alpenfrauenmantel und Echtes Labkraut auf Vegetationshügeln in freigewehten Sandflächen im Jökulsárgljúfur-Nationalpark.

Das Nickende Wintergrün ist vor allem in Nordisland verbreitet.

markierte Wanderwege entlang des Flusses. Um den gesamten Park in Längsrichtung zu erwandern, muß man mindestens zwei Tage veranschlagen. Hier einige Wandervorschläge mit durchschnittlichen Wanderzeiten:

Vom Zeltplatz in Ásbyrgi

zum Felsen Áshöfði ⑥ und Rundweg entlang der Schlucht	2–3 Stunden
auf die Felsinsel Eyjan	1–2 Stunden
die Schlucht entlang bis Vesturdalur	4–5 Stunden
nach Kvíar ⑦	3–5 Stunden

Vom Zeltplatz Vesturdalur

zum Hljóðaklettar ⑧	1/2–1 Stunde
zu den Kratern von Rauðhólar ⑨	2 Stunden
Rundweg zum Svínadalur und Kallbjörg	3–4 Stunden
nach Hólmatungur	3 Stunden

Vom Parkplatz bei Hólmatungur

an die Jökulsá und zu den Wasserfällen Hólmarfossar ⑩	1 Stunde
auf den Aussichtsberg Þórunnarfjall	wenige Minuten

Praktische Tips

Anreise

Die Anreise erfolgt über die Straße 85, die nördlich des Parks in West-Ost-Richtung von Húsavík nach Kópasker verläuft. Kurz vor Ásbyrgi leitet ein Schild den Besucher auf eine Schotterstraße nach Süden in den Park bis nach Vesturdalur. Wenig weiter östlich geht von der 85 eine Abzweigung zum Campingplatz Ásbyrgi rechts ab. Man kann den Park auch von Süden her ansteuern: Wenn man die Ringstraße von Grímsstaðir in Richtung Mývatn befährt, zweigt auf etwa halbem Weg eine »jeep-track« genannte, nur für vierradgetriebene Wagen zugelassene Piste nach Norden ab und führt zum 25 km entfernten Dettifoss.

Klima/Reisezeit

Mit nur 400 mm Niederschlag im Jahresmittel dürfte der Jökulsárgljúfur-Nationalpark eine der trockensten Gegenden in ganz Island sein. Das Klima ist bei einer Juli-Durchschnittstemperatur von 10 °C ausgesprochen kontinental. Von Oktober bis Mai/Juni liegt Schnee. Temperaturen unter dem Gefrierpunkt können auch im Sommer auftreten, mit Eisregen und Schneefällen muß man immer rechnen. Es gibt häufig Stürme, die ziemlich ungebremst über das Land hinwegfegen, wie viele Sandausblasungen und Binnendünen beweisen.

Der Park ist nur vom 15. Juni bis zum 31. August geöffnet. Sicher lohnt sich ein Besuch während der gesamten Zeit, doch ist es sicher am reizvollsten, wegen der dann aktiven Vögel sehr früh im Jahr oder wegen des herbstlichen Landschaftsaspektes sehr spät zu kommen.

Ausrüstung
Wegen des sehr rauhen Klimas sollten Wander- und Zeltausrüstung erprobt sein und auch schwierigen Bedingungen standhalten können. Wenn man wandern und sich einige Zeit im Park aufhalten will, sollte man warme Wäsche, Regenkleidung sowie ein strapazierfähiges Zelt und einen guten Schlafsack mitbringen. Ist man längere Zeit zu Fuß unterwegs, sollte man darauf achten, genügend Lebensmittel dabeizuhaben!

Unterkunft/Information
Im Nationalparkgebiet sind zwei Zeltplätze eingerichtet, einer bei Ásbyrgi und einer bei Vesturdalur. Beide sind mit Linienbussen zu erreichen. In Ásbyrgi gibt es ein WC und Duschen. In der Nähe befinden sich ein Laden, eine Cafeteria, eine Reparaturwerkstatt und eine Tankstelle. In Vesturdalur gibt es nur eine Wasserleitung und eine chemische Toilette. Beide Plätze sind – im Gegensatz zum Park – vom 1.6.–31.8. geöffnet. Einige Meter weiter im Verlauf der Straße 85 liegt außerhalb des Parks bei dem Gehöft Skinnastaður ein weiterer Campingplatz, Lundur í Öxarfirði, der sehr komfortabel ausgestattet ist. Dort steht auch ein Sommerhotel.
Jeweils auf den Zeltplätzen gibt es eine Station, in der sich die Parkranger aufhalten. Sie geben Informationen über Wanderwege, notwendige Ausrüstung, Wetter, richtiges Verhalten im Park und über naturkundliche Besonderheiten.

Karten
Generalkarte Island, Blatt 7, Mittelnord-Island, 1:250 000, Landmælingar Íslands, 1991.
Atlas Karte, Blatt 82: Dettifoss, 1:100 000, Landmælingar Íslands.
Island, Spezialkarte Húsavík/Mývatn, 1:100 000, Landmælingar Íslands, 1989[3].
Drei hervorragende Karten, nach denen man gut wandern kann, sind in dem vom Naturschutzrat (NCC) herausgegebenen Faltblatt über den Nationalpark abgedruckt. Jeder Besucher kann diese Broschüre am Informationsstand bei den Parkwärtern kaufen. Zeltplatzbenutzer erhalten das Faltblatt unentgeltlich bei Begleichen der Rechnung.

Blick in die Umgebung

Direkt nach Norden an den Nationalpark schließt sich das **Schwemmlanddelta der Jökulsá á Fjöllum** an, ein Riesensandergebiet. Zwei Straßen führen ins Gebiet, die 866 in den Ostteil (Austursandur) und die 861 in den Westteil (Vestursandur). Die Landschaft ist gekennzeichnet durch Weidengebüsche, Flachmoorvegetation mit Wollgräsern, Seggenbestände an zahlreichen Seen und Tümpeln sowie Feuchtwiesen, die zum großen Teil kultiviert sind. Ohrentaucher, mehrere Entenarten und Mittelsäger sind Brutvögel. In den Mooren und nassen Wiesen halten sich zahlreiche Limikolen auf: Austernfischer, Uferschnepfe, Regenbrachvogel, Goldregenpfeifer, Sandregenpfeifer, Alpenstrandläufer, Bekassine und Odinshühnchen. Im Weidengebüsch leben überall Rotdrosseln. Auf dem Herbstzug versammeln sich Limikolen, Enten und Gänse aus dem Umland an den Wasserstellen des Deltas zu großen Schwärmen. Das Mündungsgebiet der Jökulsá ist der einzige Brutplatz der Skua in Nordisland. Die Schmarotzerraubmöwe brütet zahlreich.
Nach Nordosten schließt sich die Halbinsel Melrakkaslétta an (s. S. 44). Zum Mývatn (s. S. 66) fährt man nicht einmal einen halben Tag.
An der Nordspitze der Halbinsel **Tjörnes** liegt der Leuchtturm Voladalstorfa mit einer Kolonie von Papageitauchern und Eissturmvögeln in seiner Nähe. Der Weg dorthin ist gesperrt, man kann jedoch eine Zugangserlaubnis beim Eigentümer beantragen.

5 Herðubreið-Naturschutzgebiet

»Grünland-Oase« mit klaren Frischwasserquellen nordöstlich des Tafelvulkans Herðubreið am Rande des Lavastroms Ódáðahraun; üppige Vegetation mit Weidengesträuch und Engelwurz-Stauden entlang des Flüßchens Lindaá; Brutplatz von Kurzschnabelgans, Eisente, Odinshühnchen, Schneeammer; in früheren Zeiten Zufluchtsort von »Geächteten«.

Das Herðubreið-Naturschutzgebiet (isl. »Herðubreiðarfriðland«) wurde 1974 eingerichtet. Es schließt den Berg **Herðubreið**, die Flußoase **Herðubreiðarlindir** sowie das Feuchtgebiet um das Flüßchen **Grafarlandaá** (Grafarlönd) ein. Das Reservat erstreckt sich über 27 km von der Herðubreið in nordöstliche Richtung und ist 6–7 km breit.

Das Schutzgebiet liegt am Ostrand der »Missetäterwüste« **Ódáðahraun**, die im Westen vom Flußsystem der **Skjálfandafljót**, im Nordwesten vom Wüstenstreifen **Mývatnsöræfi**, im Süden vom Gletscher **Vatnajökull** und im Osten von dem Fluß **Jökulsá á Fjöllum** begrenzt wird. Missetäterwüste heißt die Gegend, seit hier in früheren Jahrhunderten Geächtete gelebt haben, die verbannt und für vogelfrei erklärt worden sind, weil sie schwere Verbrechen begangen hatten. Das Ódáðahraun ist eine ausgesprochen trockene Sandwüste mit ausgedehnten Lavafeldern – obwohl genü-

Am Ostrand der »Missetäterwüste« Ódáðahraun liegt die Flußoase Herðubreiðarlindir. Im Hintergrund die Herðubreið.

gend Niederschläge fallen: Im Sand und in den vielen Spalten und Klüften dieser noch jungen Lavaströme versickert das Niederschlagswasser sofort. Das Ódáðahraun ist – wie große Teile des isländischen Hochlands – eine Wüste, deren Trockenheit also nicht wie bei den Wüsten in ariden (= niederschlagsarmen) Gebieten durch mangelnde Niederschläge, sondern durch die Bedingungen des Untergrundes hervorgerufen wird. Solche Trockengebiete heißen **edaphische Wüsten** (= durch die Bodenbeschaffenheit bedingte Wüsten).

Die größte Oase in dieser Wüste ist Herðubreiðarlindir. Am Rand des Lavastroms, der sich zwischen der Herðubreið und dem Massiv **Herðubreiðartögl** hinzieht, tritt das im klüftigen Untergrund versickerte Regen- und Schmelzwasser als Quellwasser der Lindaá zutage. Die Vegetation in dieser Gegend kann man als geradezu üppig bezeichnen. Eine weitere Oase – Grafarlönd – befindet sich 7 km weiter jökulsá-abwärts im Quellgebiet der Grafarlandaá. Östlich von Herðubreiðarlindir liegen die Schwemmländer der Jökulsá á Fjöllum. Ausgedehnte Sandflächen sind durch Schmelzwässer hierher verfrachtet worden. Westlich von Herðubreiðarlindir erstreckt sich ein Band von begehbarer Kissenlava bis zur Herðubreið. Der mächtige Berg ist ein Tafelvulkan (s. S. 12), der bei einer Eruption unter dem bis über 1000 m mächtigen Inlandeis während der letzten Eiszeit entstanden ist. Er ist 1682 m hoch und überragt seine Umgebung um fast 1100 m.

Pflanzen und Tiere

Nach einer kilometerlangen Fahrt durch Lava- und Sandfelder ohne jeden Pflanzenwuchs erscheint dem Reisenden die Vegetation der Oase geradezu unwirklich üppig. Hier wird deutlich, wie grün das ge-

Lavafelder und Bimsschutt entlang der Piste zum Askja-Massiv.

Die Schneeammer, im Foto ein Männchen, ist ein typischer Brutvogel der Arktis und der nördlichen Hochgebirge.

samte Land sein könnte, wenn nur die Bodenverhältnisse günstiger wären. Die Ufer der Quellbäche sind von Weidengebüschen und ausgedehnten Staudenfluren mit Echter Engelwurz und Arktischem Weidenröschen bestanden. Zum Teil wachsen hier in feuchter Umgebung dieselben Pflanzen wie auf frischen Tieflandwiesen in Mitteleuropa!

Im Herðubreið-Naturschutzgebiet sind bislang 111 höhere Pflanzenarten gefunden worden. Die meisten sind ausdauernd, anspruchslos und im gesamten Inland sowie in den isländischen Gebirgen häufig. Einige Arten sind ausgesprochene Hochgebirgspflanzen und kommen nur selten im Tiefland vor, wie Zwerghahnenfuß, Nickender Steinbrech und Schlaffes Rispengras. Ein gutes Drittel der hier vertretenen Arten ist aber auch im Tiefland verbreitet, z. B. Echte Engelwurz, Sumpfweidenröschen, Alpenhelm, Rauschbeere (S. 129), Westliche Kuckucksblume und Zweifarbige Weide. Auf Sandanwehungen ist der Strandroggen (S. 19) häufig, auf Schotterfluren und Schwemmland das Arktische Weidenröschen (S. 133).

Bislang sind 30 Vogelarten im Herðubreið-Naturschutzgebiet beobachtet worden. Am häufigsten ist die Schneeammer, vor allem an der Lavakante an der Lindaá. In den Sandflächen am Rande der Oasen nisten Meer- und Alpenstrandläufer. Auf den Tümpeln sind regelmäßig Odinshühnchen (S. 40) anzutreffen. Im Spätsommer führen Eisenten Junge auf den Bachzuflüssen der Lindaá. Das Reservat ist ein Brutplatz der Kurzschnabelgans, deren Bestand sich hier langsam erholt, nachdem er jahrelang gesunken war. Auf den Quellbächen schwimmen gelegentlich einige Kragenenten (S. 119), die zu den Brutvögeln im Gebiet zählen. In früheren Jahren haben Schnee-Eulen unregelmäßig im Ódáðahraun gebrütet. Seit 1975 ist keine neue Brut mehr bekannt geworden. Die Wahrscheinlichkeit, eine Schnee-Eule hier zu beobachten, ist daher äußerst gering.

Der Eisfuchs (S. 48) lebt in wenigen Exemplaren im Reservat, auch der Nerz hat bereits das Gebiet erreicht. Waldmäuse können überall angetroffen werden. In den Quellflüssen Lindaá und Grafarlandaá leben einige wenige Saiblinge. Der Dreistachelige Stichling ist in den Gewässern der Oase verbreitet.

Im Gebiet unterwegs

Die Bestimmungen erlauben freien Zugang zu allen Teilen des Schutzgebietes. Es ist jedoch verboten, mit dem Auto die markierten Pisten zu verlassen. Bei Wanderungen sollte man sich ebenfalls auf den markierten Wegen aufhalten. Zelten ist ausschließlich auf dem dafür ausgewiesenen Gelände erlaubt. Bevor man sein Zelt aufschlägt, soll man Kontakt zum Ranger aufnehmen. Es ist verboten, Wasser zu verschmutzen, Tiere zu beunruhigen und Pflanzen zu zerstören. Geschirr darf nicht in Bächen oder Flüssen abgewaschen werden. Feuer auf bewachsenem Boden anzulegen, ist nicht erlaubt.

Das Naturschutzgebiet eignet sich gut für kurze Exkursionen in der Umgebung von **Herðubreiðarlindir** ①. Hier kann man in der Regel alle oben aufgeführten Tier- und Pflanzenarten finden. Die ersten Schnee-

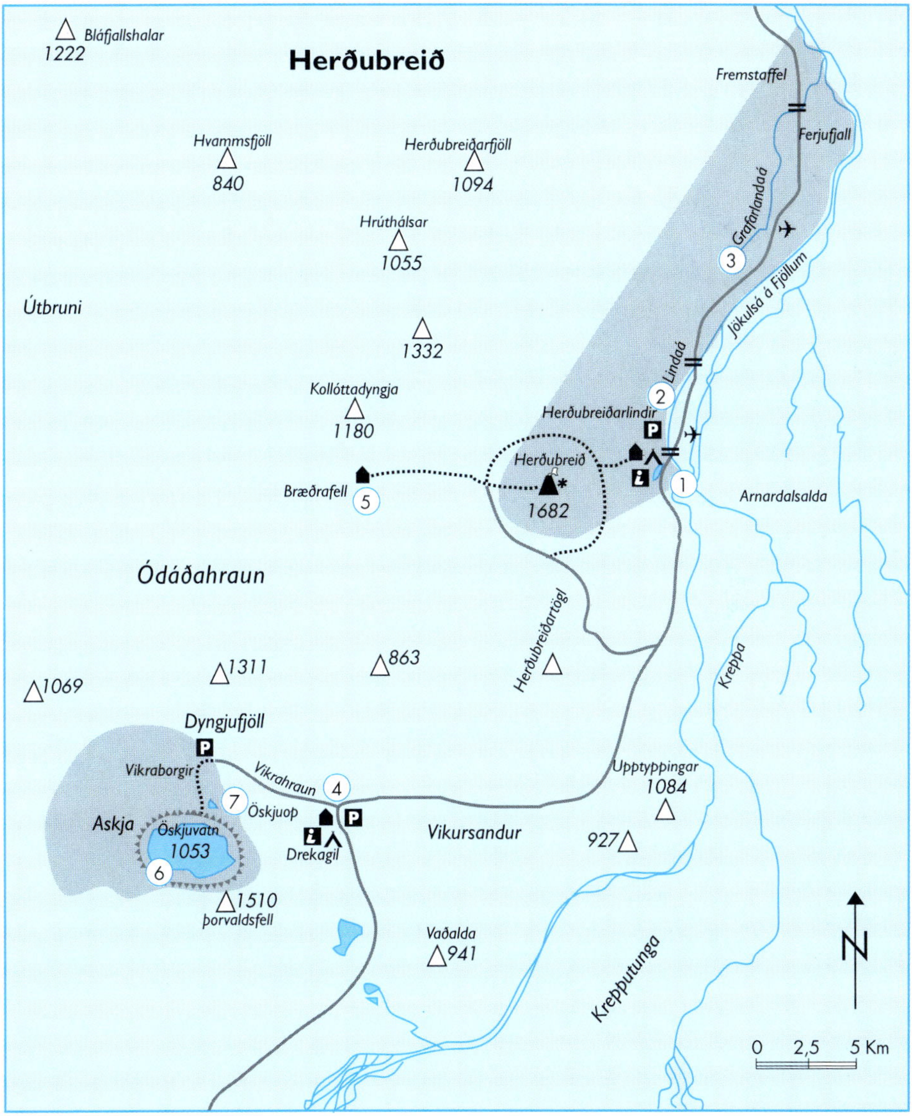

Der Meerstrandläufer lebt im Sommer im Hochland und im Winter an der Meeresküste.

ammern wird man bereits auf dem Zeltplatz beobachten können. In unmittelbarer Nähe brüten Eisenten und Odinshühnchen. Es gibt darüber hinaus längere markierte Wege entlang der **Lindaá** ②. Lohnend ist auch ein Abstecher in die Flußoase **Grafarlönd** ③. Bei Wanderungen über Lavaströme im Bereich der Herðubreið ist zu beachten, daß es in der Wüste, anders als in den meisten Gegenden Islands, kein Wasser gibt. Bei mehrstündigen Touren sollte man daher genügend Trinkwasser mitführen. Auf Lavafeldern soll man sich unbedingt an die Wegmarkierungen halten, da der Weg durch Senken und über Buckel führt. Bei schlechten Sichtverhältnissen kann man deshalb leicht die Orientierung verlieren. Grundsätzlich sollte man sich vor längeren Wanderungen mit dem zuständigen Ranger in Verbindung setzen und Informationen vor allem über das zu erwartende Wetter einholen.

Eine Besteigung der **Herðubreið** ist sicher ein außergewöhnliches Erlebnis. Sie ist jedoch nicht ganz einfach und setzt erhebliche körperliche Fitneß voraus. Man kann den Berg nur auf einer einzigen Route von Westen her bezwingen. Da das Gestein mancherorts sehr locker gelagert ist, besteht ständig die Gefahr von Steinschlag. Am besten versucht man die Tour in Begleitung eines erfahrenen Führers.

Nur etwa 100 m nordwestlich der Touristenhütte von Herðubreiðarlindir gibt es eine kleine Höhle im Lavastrom. Hier hauste im Winter 1774/75 der wohl berühmteste Geächtete in der Geschichte Islands, Fjalla-Eyvindur, zusammen mit seiner Familie. Durch das – vermutlich mehrfach restaurierte – Versteck fließt eine kleine Quelle. Das Dach soll er aus einem Pferdegerippe errichtet und mit Steinen und

Die Wurzelknollen der Echten Engelwurz dienten den Gesetzlosen oft als Nahrung.

Die Eisente brütet häufig in Zentralisland und in den Tiefländern des Nordens.

Gras getarnt haben. Er hatte kein Feuer und ernährte sich ausschließlich von rohem Pferdefleisch und den Wurzelknollen der Echten Engelwurz.

Die Brutgebiete der Kurzschnabelgans sind in Island auf das Hochland beschränkt.

Praktische Tips

Anreise
Nur eine Straße führt ins Gebiet. 7 km westlich von Grímsstaðir zweigt die Piste bei Hrossaborg von der Ringstraße 1 nach Süden ab. Sie ist nur für vierradgetriebene Wagen zugelassen. Versuchen Sie nicht, die Route mit einem normalen PKW zu befahren! Manche Hasardeure schaffen es auch mit diesen Autos, doch das ist ein gefährliches Unterfangen. Bei Sandstürmen kann man sich leicht festfahren. Derselbe Weg geht nach Süden aus dem Schutzgebiet hinaus und stößt nach knapp 20 km auf die Hochlandpiste F 98, die bis zur Askja und zu den Dyngjufjöll verläuft. Südlich der Askja führt sie über rund 100 km unter dem berüchtigten Namen »Gæsavatnaleið« zur Hochlandpiste Sprengisandurleið (F 28).

Alpenstrandläufer nisten vorzugsweise in Sumpfgebieten mit niedriger Vegetation.

Die Westliche Kuckucksblume – eine Orchideenart des Nordens.

Herðubreiðarlindir wird vom öffentlichen Busverkehr angefahren. Vom Mývatn aus (s. S. 66) werden organisierte Touren hierher und zur Askja durchgeführt. Das Schutzgebiet kann auch angeflogen werden; auf der Schwemmsandfläche östlich Herðubreiðarlindir und östlich von Grafarlönd gibt es jeweils eine kleine Flugpiste.

Klima/Reisezeit

Das Klima im Herðubreið-Naturschutzgebiet wird geprägt durch die Höhenlage, die Entfernung vom Meer und durch den Windschutz, den der Vatnajökull im Süden bietet. Es muß als kontinental bezeichnet werden. Die jährliche Durchschnittstemperatur liegt bei 1 °C. Der wärmste Monat ist mit einer Durchschnittstemperatur von 9 °C der Juli, die kältesten sind mit –6,5 °C Januar und Februar. Der Temperaturunterschied zwischen dem wärmsten und kältesten Monat ist damit deutlich höher als an den meisten anderen Stellen Islands. Im Sommer kann es bei Südwind sehr heiß werden. Das ganze Jahr über – vielleicht mit Ausnahme des Juli – muß mit Frost gerechnet werden.

Da Winde aus Süd und Südost sich bereits über dem Vatnajökull abregnen, beträgt die Jahresniederschlagsmenge weniger als 400 mm. Das Areal kann daher zu den trockensten in ganz Island gerechnet werden. Stürme sind häufig im Ódáðahraun. Sie wirbeln große Mengen an Sand auf, verwehen manchmal die Piste und machen sie schwer befahrbar.

Die interessanteste Zeit für den naturkundlich interessierten Reisenden ist der Frühsommer, also die Zeit von Mitte Juni bis Anfang Juli. Dann brüten die Vögel, und die meisten Pflanzen stehen in Blüte. Möglicherweise ist dann jedoch die Zufahrtsstraße noch gar nicht geöffnet. Auch im späteren Juli und im August lohnt ein Besuch. Vor allem sind dann die Straßenverhältnisse gewöhnlich besser.

Ausrüstung

Bevor man das Schutzgebiet im eigenen Wagen aufsucht, sollte man sich sorgfältig über »Reisen im Hochland« informieren (s. S. 148). Wegen der Gefahr von Sandstürmen und Temperaturstürzen sollten Zelt und Schlafsack gehobenen Ansprüchen genügen, wenn man beabsichtigt, im Gebiet zu campieren. Für Wanderungen, vor allem über rauhe Lavafelder, sind möglichst derbe Bergschuhe nötig.

Unterkunft/Information

Der Akureyri Touring Club unterhält in **Herðubreiðarlindir** eine unbewirtschaftete Übernachtungshütte für 30 Personen, eine weitere für 20 Personen bei **Drekagil** ④ östlich des Askja-Massivs und seit 1977 eine dritte für 10 Personen am **Bræðrafell** ⑤ am Ende des Wanderweges zur **Kollóttadyngja.** Buchungen müssen für die Hauptsaison

langfristig vorgenommen werden. Adresse: Akureyri Tourist Bureau, P. O. Box 86, 602 Akureyri, Tel.: 96/25 000.
In Herðubreiðarlindir gibt es einen wunderschön gelegenen Campingplatz mit Dusche und WC. Bei Drekagil besteht ebenfalls die Möglichkeit zu campen, allerdings auf einem kleinen, spartanisch eingerichteten Zeltplatz auf Lavasand-Untergrund.

Karten
Generalkarte Island, Blatt 8, Mittelostisland, 1:250 000, Landmælingar Íslands, 1988.
Atlaskarte, Blatt 84, Herðubreið, 1:100 000, Landmælingar Íslands.
Eine Karte, nach der sich allerdings nicht wandern läßt, ist in dem vom Naturschutzrat herausgegeben Faltblatt über das Schutzgebiet abgedruckt. Jeder Besucher kann diese Broschüre am Informationsstand bei den Parkwächtern kaufen. Zeltplatzbenutzer erhalten sie unentgeltlich bei Begleichen der Rechnung.

Die Krautweide ist die kleinste Weidenart Islands.

Blick in die Umgebung

Wer zum Herðubreið-Schutzgebiet will, sollte einen Besuch der **Askja** unbedingt mit einplanen. Die Anfahrt von Herðubreiðarlindir dorthin beträgt 40 km, die Piste führt streckenweise durch übelste Lavaströme und Sandfelder. Über längere Abschnitte kann man nur Schritt fahren. Der Weg ist aber bei »normalen« Wetterbedingungen mit einem Geländewagen problemlos zu schaffen.
Im Gegensatz zu den Ausbrüchen anderer Vulkane, wie z. B. der Hekla, haben die Eruptionen der Askja, die kaum weniger heftig gewesen sind, wegen ihrer Lage im unbesiedelten Inneren des Landes Menschen nie sonderlich bedroht. Das eigentliche Vulkanmassiv, in das die Askja eingebettet ist, heißt **Dyngjufjöll**. Unter der Askja, was wörtlich übersetzt soviel wie »Schachtel« bedeutet, versteht man nur eine kesselförmige Senke von etwa 8 km Durchmesser. Nach einem gewaltigen Ausbruch im Jahre 1875 entstand in dieser Caldera ein heute 12 km^2 großer, 220 m tiefer See, das **Öskjuvatn** ⑥ (s. S. 16). Er ist der tiefste See Islands. Bei diesem Ausbruch wurden aus dem nur 100 m weiten Kraterloch **Víti** ⑦ innerhalb weniger Stunden ca. 2 km^3 Bimsasche bis in eine Höhe von 30 km emporgeschleudert. Die Asche wurde bis nach Norwegen und Schweden verfrachtet.
Man fährt mit dem Auto auf der Piste F 98 bis zur Hütte bei der »Drachenschlucht« Drekagil und biegt dann nach rechts auf einen 8 km langen Weg ein, der durch den Lavastrom Víkrahraun bis zum Parkplatz bei Víkraborgir führt. Von hier kann man in etwa einer guten halben Stunde zum Krater Víti und zur Askja laufen.

6 Mývatn

Relativ nährstoffreicher Flachwassersee; von überragender Bedeutung als Brutgebiet für Entenvögel; einziger Brutplatz der Spatelente in Europa; zahlreiche sehenswerte vulkanische Erscheinungen in unmittelbarer Umgebung des Sees.

Das Mývatn (isl. Mücken- oder Fliegensee) liegt im Nordosten von Island, etwa 45 km von der Küste entfernt. Es ist mit ungefähr 37 km^2 und einer Uferlänge von über 70 km das viertgrößte isländische Binnengewässer. Der buchtenreiche See besteht aus zwei Becken, dem älteren **Ytriflói** im Nordosten und dem **Syðriflói** im Süden. Im See verstreut liegen 50 Inseln und Inselchen. Er ist mit durchschnittlich 2,5 m Wassertiefe ausgesprochen flach, die tiefste Stelle mißt 4,2 m. Gespeist wird er von zahlreichen, zum Teil warmen Quellen im Bereich des Ostufers, die dafür sorgen, daß das Mývatn auch im Winter nie ganz zufriert. Der einzige Oberflächenzufluß ist ein Bach, der aus dem **Grænavatn** kommt.

Balzendes Spatelentenpaar. Das Mývatn ist der einzige Brutplatz dieser Entenart in Europa.

Den Abfluß bilden drei größere Arme der **Laxá**, die dann im Bett eines alten Lavastromes durch das Laxárdalur nach Norden fließt.

Das Mývatn-Gebiet liegt am Westrand der aktiven Vulkanzone Islands. Die Erhebungen um den See sind bei Vulkanausbrüchen während der Eiszeit entstanden. Bekannt sind vor allem die Pseudokrater (s. S. 12) im Südwesten und Osten, die sich bis in das Mývatn hinein erstrecken. Bizarre Lavagebilde, Blöcke, Brücken, Höhlen, Tunnel und Kuppeln im Gebiet von **Dimmuborgir** (isl. = dunkle Burgen oder Dämmerburgen) ① sind Überreste eines ehemaligen Lavasees. In der Nähe von Reykjahlíð verläuft die Badegrotte **Grótagjá**, eine mit warmem Wasser gefüllte Spalte, in einem unterirdischen Lavastrom. Früher konnte man bei Temperaturen von 42 °C baden; seit Beginn der 80er Jahre ist das Wasser mit über 60 °C viel zu heiß dazu. Der Aschekrater **Hverfjall** ② entstand bei einem Eruptionszyklus vor ungefähr 2500 Jahren. Etwa 3 km weiter östlich des Sees liegt an der Ringstraße der **Námafjall** ⑤, ein schon von weitem an der Bodenfärbung und ausgedehnten, über das Land wehenden Wasserdampfschwaden erkennbares Solfatarenfeld. Wieder ein paar Kilometer weiter östlich führt eine Seitenstraße zur **Krafla**, einem Dampfkraftwerk, das auf einem seit 1975 aktiven Vulkan errichtet wurde.

Das Klima im Bereich des Mývatn ist trotz der Nähe zum Meer eher kontinental. Die Vereisungszeit beträgt im Mittel 189 Tage. Die jährliche Niederschlagsmenge ist mit 400 mm ausgesprochen gering, wenn man bedenkt, daß im Bereich des Vatnajökull bis zu 8000 mm Niederschlag im Jahr fallen.

Zahlreiche Quellen versorgen den See mit Phosphaten und Nitraten. Dazu kommt

Die Tafelente ist selten am Mývatn.

Die Spießente – eine sehr schlanke Schwimmente.

Die häufigste Ente im Gebiet – die Reiherente.

Nur selten brütet die Eiderente im Binnenland.

Die Bergente ist am hellen Rücken erkennbar.

Erpel der Schnatterente.

heute zunehmend ein durch menschliche Aktivität bedingter Nährstoffeintrag als Folge der industriellen und der landwirtschaftlichen Nutzung des Sees und seines Umlandes.

Pflanzen und Tiere

Für isländische Verhältnisse ist die Pflanzenwelt des Mývatn-Gebietes ebenso üppig wie artenreich. Im Norden und Osten des Schutzgebietes finden sich größere Bestände von Moorbirken. Dort wachsen Schwarze Krähenbeere (S. 95), Heidel- und Preiselbeere sowie die Immergrüne Bärentraube (S. 133). In den Sümpfen und moorigen Bereichen des Südens und Westens beherrschen Zwergbirken (S. 78) und Weidenarten das Bild. Am Seeufer und auf den Inseln kommen Echte Engelwurz (S. 62), Scharfer Hahnenfuß, Sumpfdotterblume und Waldstorchschnabel (S. 54) vor. Im Gebiet von Dimmuborgir überziehen zahlreiche Krustenflechten die Lavabrocken. Im See findet man u. a. den Haarblättrigen Hahnenfuß und das Fadenblättrige Laichkraut.

Das Mývatn trägt seinen Namen völlig zu recht: Vor allem im Frühjahr und im Spätsommer schlüpfen **Zuckmücken** in unvorstellbar großer Zahl. Die riesigen Schwärme der Mückenmännchen beim Hochzeitstanz gleichen bis zu 30 m hohen dichten Rauchsäulen. Weite Teile des Seeufers sind zur Schlupfzeit von einem

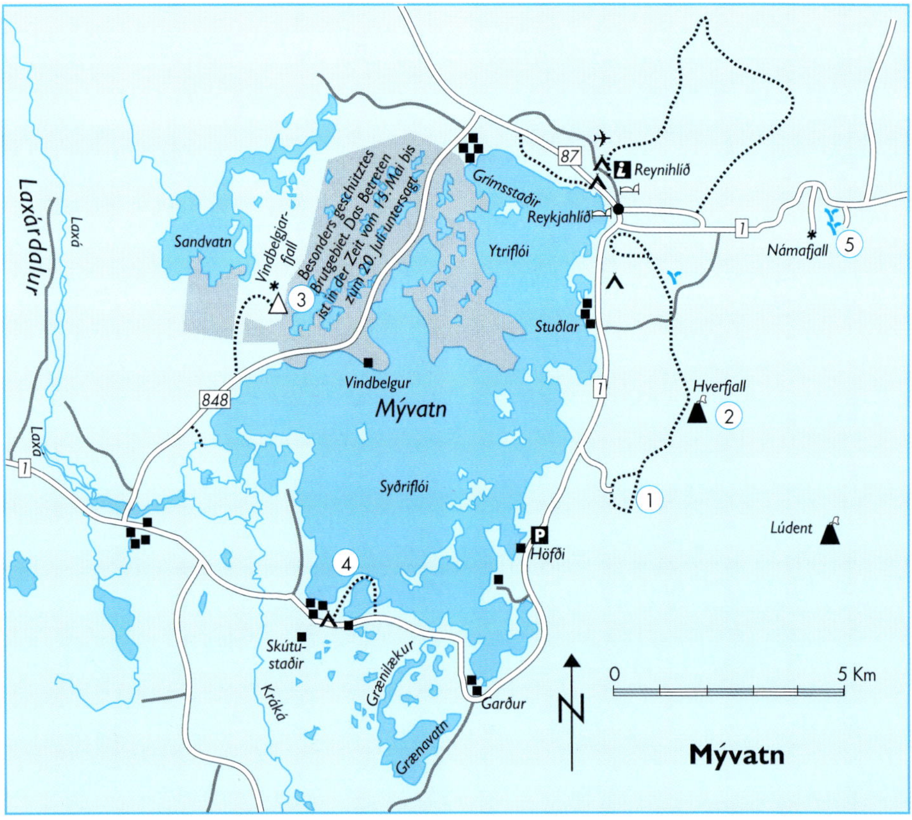

breiten Teppich aus ihren Larvenhäuten gesäumt. Zuckmücken stechen nicht! Grundlage für ihre starke Vermehrung ist eine Massenentwicklung des pflanzlichen Planktons im See.
Nicht viel weniger häufig sind die nur in der Laxá lebenden Larven einer **Kriebelmückenart.** Die Weibchen saugen Blut, stechen aber angeblich nur bei stillem, trockenem Wetter und nur im Freien. Gewöhnlich schlüpfen zwei Generationen, eine im Juni, eine im August. Kriebelmückenlarven sind die fast ausschließliche Nahrung von Kragen- und Spatelente. Im Mývatn leben außerdem zahlreiche planktische Kleinkrebsarten und anderes tierisches Plankton.
Trotz des ungeheuren Nahrungsangebotes kommen im See nur 3 Fischarten vor: der Wandersaibling, die Lachsforelle und der Dreistachelige Stichling. Früher stieg der Atlantische Lachs die ganze Laxá hinauf, heute wandert er nur noch bis zum Kraftwerk bei Brúar, das er nicht überwinden kann.
Seine Vogelwelt hat das Mývatn weltberühmt gemacht. Alle 15 isländischen Entenarten brüten hier. Schnatterente und Trauerente kommen fast nirgendwo sonst in Island vor. Der See ist der einzige Brutplatz der Spatelente in Europa. Sie nistet in Lavaspalten und -nischen. Weil sie sich sogar in und unter Häusern und Schuppen aufhält, wird sie in Island »husönd« (= Hausente) genannt.
1978 brüteten etwa 8000–9000 Entenpaare im Gebiet. Am häufigsten war die Reiherente mit 3500 Paaren, die Bergente mit 1800 Paaren und Pfeif- und Spatelente mit je 400–700 Paaren. Daneben brüten Kragenente (S. 119), Trauerente, Eisente (S. 63), Stockente und Krickente relativ häufig. Seltener sind Schnatterente, Spießente und Löffelente. Ausnahmsweise erscheint die Tafelente als Brutvogel. Schellenten sind schon beobachtet worden, haben aber in Island nicht gebrütet. An der Laxá liegen die Brutstätten der Kragenente. Auch sie brütet wie die Spatelente in Europa nur in Island. Daneben finden sich hier ausnahmsweise Brutplätze der Eiderente im Binnenland (s. S. 80).
Leider hat der See heute einiges von seiner Faszination verloren, die er einst auf Vogelbeobachter ausübte; denn der Bestand an Entenvögeln geht rapide zurück. Bis in die 50er Jahre hinein betrug der Entenbestand noch 15 000–16 000 Paare, bis 1970 waren es noch 14 000 Paare, 1978 nur noch 8000 Brutpaare und 1988 ganze 2000 Paare. Ursachen des starken Rückgangs sind Störungen durch Motorboote, die industrielle Förderung von Kieselalgenschlamm im See, Straßenbaumaßnahmen am Ufer und das Einwandern des räuberischen Nerzes.
Der Singschwan (S. 37) ist nicht Brutvogel auf dem See, lediglich auf Gewässern in der Umgebung nisten einige Paare. Doch übersommern regelmäßig bis zu 600 Vögel auf dem Mývatn. Nirgendwo sonst in Island ist die Siedlungsdichte des Ohrentauchers so hoch; etwa 250 Paare sind am See zu Hause. Daneben brüten Eistaucher (S. 96), Sterntaucher (S. 41) und Odinshühnchen (S. 40) am See oder in der Nähe.

Im Frühjahr und Spätsommer schlüpfen am Mývatn Zuckmücken in unvorstellbarer Menge.

Die Felsformationen im Mývatn sind Relikte eines ehemaligen Lavasees.

Weitere auffällige Brutvogelarten der Umgebung sind Gerfalke (S. 53), Merlin, Goldregenpfeifer (S. 27), Bekassine, Kolkrabe, Rotdrossel (S. 105), Wiesenpieper (S. 107) und Schneeammer (S. 60).
Wie überall in Island gibt es nur wenige Säuger. Der Eisfuchs ist selten geworden. Dafür hat sich der vor etwa 30 Jahren in das Gebiet eingewanderte Nerz stark vermehrt. Er stellt nun eine große Gefahr für die zahlreichen Brutvögel dar und wird stark bejagt. Die Waldmaus ist häufig.

Naturschutz

In früheren Jahren haben sich die Menschen im Gebiet des Mývatn von der Schafzucht, dem Fischfang und von gesammelten Vogeleiern ernährt. Zeitweilig wurde an vier Stellen in der Umgebung Schwefel abgebaut, doch wurde die

Schwefelgewinnung schon im 17. Jh. wieder eingestellt. Im Gebiet liegen heute etwa 50 bewirtschaftete Gehöfte. Im Zusammenhang mit der 1967 errichteten Kieselgurfabrik Bjarnarflag entstand am Nordostufer des Mývatns die Ortschaft **Reykjahlíð**. Seither hat der Fremdenverkehr stark zugenommen. Touristen in Autobussen und lärmende Exkursionsgruppen sind geradezu ins Land eingefallen, Hotels und Zeltplätze wurden errichtet, sehr zur Enttäuschung jener Besucher, die das einsame und stille Island lieben.
1974 wurde alles Land um das Mývatn und die Laxá zum Naturschutzgebiet erklärt. Es handelt sich dabei um das Gebiet der Gemeinde Skútustaðir und einen 200 m breiten Streifen entlang der Laxá vom Ausfluß aus dem See bis zur Mündung. Mit

Schwefelablagerungen im Geothermalgebiet von Námafjall, 3 km östlich des Mývatn.

Die Preiselbeere wächst nur an wenigen Stellen in Nord- und Ostisland.

4400 km² ist es das größte Naturschutzgebiet Islands. Zur Erhaltung und Untersuchung der Tier- und Pflanzenwelt dieses einmaligen Reservates wurde eine Forschungsstation errichtet. Sämtliche Bauvorhaben auf dem Territorium des Naturschutzgebietes müssen dem Naturschutzrat vorgelegt werden. Da immer mehr Menschen ins Gebiet gekommen sind und die Brutvögel gestört haben, hat man am Nordwestufer des Sees eine besondere Schutzzone ausgewiesen, die vom 15. Mai bis zum 20. Juli nicht betreten werden darf. (Wegen dieses Schutzgebietes ist sogar die Ringstraße – die Hauptverkehrsader des ganzen Landes – verlegt worden. Sie führte bis zum Ende der 80er Jahre im Bogen um das Nordende des Sees herum. Heute läuft sie weniger umweltgefährdend an dessen West- und Südufer entlang.) Zusätzlich ist der Krater von Skútustaðir am Südufer als Naturmonument geschützt.

Im Gebiet unterwegs

Eine Rundfahrt oder -wanderung um den See eröffnet hervorragende Möglichkeiten zur Vogelbeobachtung. Vor allem lohnt es sich, den Fußweg im besonders geschützten Gebiet am Südufer ④ aufzusuchen. Von hier aus hat man einen hervorragenden Überblick über Entenschwärme auf dem Wasser. Selbst den Ohrentaucher kann man manchmal von der Straße aus auf dem Nest sitzen sehen! Zum Schutz brütender Vögel ist es übrigens zwischen dem 15. Mai und 20. Juli verboten, die Straße im Bereich des besonders geschützten Brutgebietes am Nordwestufer zu verlassen.
Auch in die Umgebung des Sees kann man Wanderungen unternehmen. Eine Tour von Reykjahlíð nach **Dimmuborgir** ① und weiter zum Aschekrater **Hverfjall** ② dauert etwa 4 Stunden. Beim Rundgang in den Dimmuborgir selbst kann man zwischen 4 Wanderungen wählen, die 10 Minuten, 20 Minuten, 1 Stunde oder 2–3 Stunden dauern. Vom Gipfel des **Vindbelgjarfalls** ③ – in 1–2 Stunden zu erreichen – hat man einen hervorragenden Überblick über das Mývatn-Gebiet.
Vom Hotel Reykjahlíð aus starten jeweils dienstags, donnerstags und sonntags um 8.30 Uhr zwischen dem 26. Mai und dem 15. September vier- oder achtstündige Bustouren in die Umgebung des Mývatn. Gebucht werden kann unter der Telefonnummer 96/44 196. Täglich finden Rundflüge über das Mývatn statt (Buchung unter 96/44 107).

Praktische Tips

Anreise
Das Mývatn kann man mit dem Auto, Motorrad und Fahrrad bequem über die Ringstraße erreichen, sie führt direkt am Seeufer entlang. Von Reykjavík aus werden geführte Bus-Exkursionen zum See angeboten. Mindestens 3 Gesellschaften

fliegen das Mývatn täglich von Reykjavík aus an. Auskunft erteilt die Touristeninformation in Reykjavík: Bankastræti 2, Tel: 91/623 045.

Reisezeit
Sicher kann dem Vogelbeobachter vor allem die Brutzeit im Mai/Juni empfohlen werden, doch auch im Juli und im Spätsommer können viele Entenvögel am See angetroffen werden.

Ausrüstung
Wer die Enten weit draußen auf dem See bestimmen möchte, sollte ein leistungsstarkes Fernglas oder besser noch ein stark vergrößerndes Fernrohr nicht vergessen.

Unterkunft/Information
Rund um den See gibt es mindestens 4 Campingplätze in Reykjahlíð, Vogar und Skútustaðir, die alle über heißes und kaltes Wasser, Toiletten und Duschen verfügen und zwischen 8.00 und 23.00 Uhr geöffnet sind. Zimmer und Schlafsackunterkünfte gibt es in Garður, Skútustaðir-Schule und Eldá. Daneben gibt es an einigen Stellen Unterkünfte in Privatzimmern und auf Bauerngasthöfen. In der Ortschaft Reykjahlíð gibt es 2 Hotels gehobenen Standards. Die Touristeninformation befindet sich im Hotel Reynihlíð in Reykjahlíð.

Karten
Spezialkarte Mývatn, 1:50 000, Landmælingar Íslands, 1987.
Spezialkarte Húsavík/Mývatn, 1:100 000, Landmælingar Íslands, 1989[3].
Eine hervorragende Karte befindet sich in dem vom Naturschutzrat herausgegeben Faltblättchen »Mývatn-Laxá-Naturschutzgebiet«. Es kann bei der Touristeninformation und auf den Campingplätzen erworben werden.

Am Mývatn hat der Ohrentaucher sein Hauptverbreitungsgebiet in Island.

Blick in die Umgebung

Es werden ganztägige Bustouren zum Naturschutzgebiet Herðubreiðarfriðland und zur Askja (s. S. 65) sowie zum Nationalpark Jökulsárgljúfur (s. S. 51) angeboten, die am Hotel Reykjahlíð starten. Zwei Flugggesellschaften führen Rundflüge über das Mývatn-Gebiet, nach Húsavík und Grímsey, zur Askja und zur Herðubreið sowie zum Jökulsárgljúfur-Nationalpark durch.

Die Bekassine ist ein typischer Schnepfenvogel der isländischen Sumpfgebiete.

7 Húnaflói

Große Meeresbucht in Nordisland mit mehreren Flußdelten; im Zentrum befindet sich die große gebirgige Halbinsel Vatnsnes; östliche Begrenzung ist die Halbinsel Skagi; im Húnafjörður große Seen und viele Feuchtgebiete mit Niedermoorvegetation; ausgedehnte kultivierte Wiesenflächen; Brutgebiet von zahlreichen Limikolen, Singschwänen, Graugänsen und verschiedenen Entenarten.

Das gesamte riesige Húnaflói-Gebiet würde den Rahmen eines Reisezieles in diesem Buch bei weitem sprengen. So sollen hier nur die zentralen Bereiche Húnafjörður und Vatnsnes-Halbinsel herausgegriffen werden. Húnafjörður ist ein großflächiges Flußdelta, ähnlich dem Héraðsflói im Nordosten. Die Flüsse **Víðidalsá** und **Vatnsdalsá** haben hier ein über 20 km breites Schwemmland aufgeschüttet. An der Küste sind Strandwälle und Nehrungen ausgebildet. In das Schwemmland eingebettet sind die Seen **Sigríðarstaðavatn, Vesturhópsvatn, Húnavatn** und **Hóp**. Letzter wird als Islands größter Strandsee bezeichnet. In Wirklichkeit ist er eher ein Haff; denn er hat eine Verbindung zum Meer. Je nach Stand der Gezeiten bedeckt er eine Fläche zwischen 29 und 44 km^2. Am Übergang vom Delta zum Bergland im Landesinneren liegt das **Svínavatn**, der »Schweinesee«.
Weite Teile des Schwemmlandes sind mit groben Sedimenten bedeckt und fast vegetationsfrei. Sie eignen sich nicht zur Landwirtschaft. Dagegen ist ein großer Teil der Terrassen und Anhöhen kultiviert worden. Hier finden sich ausgedehnte Wiesen und Weiden. Das Bergmassiv **Vatnsnesfjall** wird überwiegend als Schafweide genutzt.

Blick von der Halbinsel Vatnsnes auf die Deltalandschaft des Húnafjörður.

Pflanzen und Tiere

In den feuchten Bereichen des Húnafjörður wachsen Scheuchzers Wollgras und Schmalblättriges Wollgras (S. 118). Im Uferbereich von Tümpeln und Seen gedeihen ausgedehnte Bestände von Fieberklee, Sumpfblutauge (S. 50), Tannenwedel (S. 41) und zahlreichen Seggenarten. In den trockeneren Partien auf den Anhöhen, z. B. bei dem ehemaligen Kloster Þingey, findet man Kleinen Ampfer, Großen Ampfer, Feldenzian (S. 101), Frühblühenden Thymian, Silberwurz (S. 107), Zwergbirke, Rauschbeere (S. 129) und Immergrüne Bärentraube (S. 133). Dieselben Arten wachsen auf der Halbinsel Vatnsnes. Dort kommen noch mehrere Orchideenarten wie Weißzüngel, Korallenwurz und Grüne Hohlzunge hinzu. Die Mondraute (S. 126) ist verbreitet. An den Wiesenrändern sind Weißklee, Gewöhnlicher Frauenmantel, Echtes Labkraut (S. 54) und Schafgarbe häufig. Die Halbinsel Vatnsnes ist eines der Verbreitungsgebiete des Arktischen Mohns in Island, der in seinem Vorkommen auf Gebiete mit relativ alten Gesteinen im Westen und Osten der Insel beschränkt ist.
Auf den Wiesen im Húnafjörður sind Steinschmätzer (S. 119), Wiesenpieper (S. 107), Bachstelzen und einzelne Großmöwen Brutvögel. Nach der Heuernte versammeln sich auf den gemähten Wiesen Tausende von Goldregenpfeifern (S. 27) und Hunderte von Austernfischern (S. 125) zur Nahrungssuche. In der Nähe der Seen brüten Singschwan (S. 37), Graugans (S. 43), Stock-, Pfeif- und Reiherente (S. 67), Alpenstrandläufer (S. 63), Rotschenkel, Uferschnepfe, Odinshühnchen (S. 40), Küstenseeschwalbe (S. 126) und Schmarotzerraubmöwe (S. 28). Während der Zugzeit im Herbst rasten hier 10 000–15 000 grönländische Weißwangengänse.

Nicht selten halten sich in den Eiderentenkolonien einzelne Prachteiderenten auf.

Die Uferschnepfe findet in den Wiesen des Húnafjörður-Deltas ideale Brutplätze.

Zaunpfähle sind beliebte Warten für den Rotschenkel.

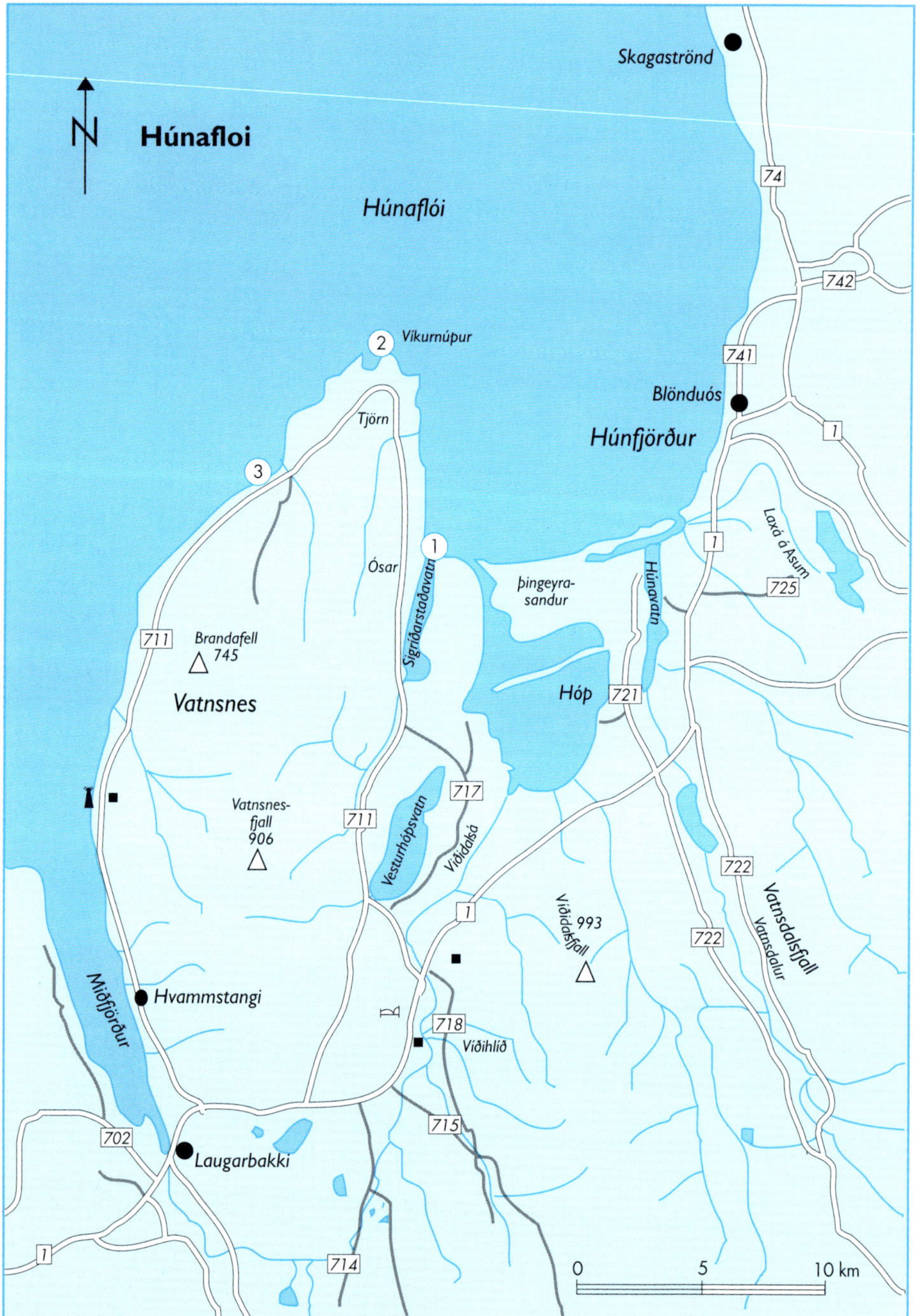
Húnafloi
Húnaflói
Skagaströnd
74
742
741
Blönduós
1
Húnfjörður
Víkurnúpur
2
Tjörn
3
1
Ósar
Sigríðarstaðavatn
Þingeyra-
sandur
Húnavatn
Laxá á Asum
725
711
Brandafell
745
Vatnsnes
Hóp
721
717
Vatnsnes-
fjall
906
711
Vesturhópsvatn
Víðidalsá
722
Vatnsdalsfjall
Vatnsdalur
1
993
Víðidalsfjall
722
Miðfjörður
Hvammstangi
718
Víðihlíð
715
702
Laugarbakki
1
714
0
5
10 km

Im Gebiet unterwegs

Für den Aufenthalt gilt in etwa dasselbe wie für die andere große Niederungslandschaft in Nordisland, den Héraðsflói: Vögel sollte man nur von den Wegen aus beobachten. Guten Erfolg bringen Beobachten und Fotografieren aus dem Auto. Über die Straßen 721, 711, 716 und 717 kann man das Gebiet »erfahren« und die vier großen Seen im Delta ansteuern. Die Straße 711 führt in einiger Höhe an der Ostflanke des Vatnsnesfjall entlang nach Norden und weiter um die gesamte Halbinsel herum. Von dort hat man einen guten Überblick über das gesamte Húnaflói-Schwemmland. Manchmal kann man aus der Höhe an der Nehrung vor dem Delta große Gruppen von Seehunden liegen sehen.

Wenige Meter nördlich der Ortschaft **Ósar** zweigt ein Weg nach Osten zum Strand ab, der zum berühmten Felsen **Hvítserkur** ① führt. Es handelt sich um eine 15 m hohe Felszinne aus Basalt, die im Meer steht. Die Brandung hat Löcher in den Stein gefressen und ihm die bizarre Form eines Nashorns verliehen. Der Felsen ist sogar auf einer isländischen Briefmarke verewigt. Vom Kot der auf ihm brütenden Seevögel ist er weiß gefärbt. Hier kann man die Gehäuse der Purpurschnecke und die Schalen der Abgestutzten Sandklaffmuschel finden. Im Watt wächst Blasentang. Oft sind vom Meeresgrund losgerissene Büschel von Tangen der Gattung *Laminaria* angeschwemmt.

Im Felswatt an der Spitze der Halbinsel Vatnsnes sind in der Bucht **Hindisvík** ② regelmäßig 30–50 Tiere starke Trupps von Seehunden anzutreffen. Gute 5 km südlich der Kirche von Tjörn befindet sich an der Westseite von Vatnsnes der verlassene

Weißzüngel - eine häufige Orchidee auf den Wiesen der Halbinsel Vatnsnes.

Auf den Strandwällen im Húnafjörður-Delta und im Felswatt an der Nord- und Westseite von Vatnsnes halten sich regelmäßig Seehunde auf.

Die Verbreitungsschwerpunkte des Arktischen Mohns liegen ganz im Westen und Osten Islands.

Die Blütenfarbe der Grünen Hohlzunge variiert zwischen grün und braun.

Bauernhof von **Illugastaðir** ③, auf dem sich im vorigen Jahrhundert ein schauriger Mordfall ereignete. Hier gibt es auf einer kleinen Insel eine nach Angaben des Besitzers über 1500 Paare starke Eiderentenkolonie. Aus den nahen Bergen kommen regelmäßig Eisfüchse, Nerze und Gerfalken hierher, um Jungvögel in der Kolonie zu schlagen. In den Bergen von Vatnsnes soll sogar die Schnee-Eule gebrütet haben. Am Strand gibt es verstreute Bruthöhlen der Gryllteiste, die man hier gut beobachten kann. Im Felswatt findet man die Gehäuse einiger Meeresschnecken und Schalen einiger Muscheln, z. B. der Purpurschnecke, der Wellhornschnecke, der Miesmuschel, der Großen Miesmuschel, der Islandmuschel und etlicher anderer Arten.

Im Herbst färben sich die fast runden Blätter der Zwergbirke rot und gelb.

Der Basaltfelsen Hvítserkur im Húnafjörður hat die Form eines Nashorns. Er ist weiß gefärbt vom Kot zahlreicher Meeresvögel.

Praktische Tips

Anreise
Die Anreise erfolgt über die Straße 1. Von der Hauptstraße führen die Straßen 711, 716, 717 und 721 ins Gebiet.

Klima/Reisezeit
Das Klima kann als trocken-kaltgemäßigt bezeichnet werden. Die Jahresdurchschnittstemperaturen liegen um 2–3 °C, die Niederschlagsmengen sind mit rund 500 mm jährlich ziemlich niedrig, die Zahl der Tage mit Niederschlägen ebenfalls. Die beste Reisezeit ist der Frühsommer. Dann brüten die Vögel, und die interessantesten Pflanzen blühen.

Gryllteiste mit gefangenem Sandaal. Sie fischt vor allem im flachen küstennahen Wasser.

Eiderente

Die Eiderente ist ein reiner Küstenvogel. Im Herbst, wenn nach der Brutsaison der Bestand am größten ist, wird ihre Zahl für Island auf eine halbe Million Vögel geschätzt. Der Erpel ist prächtig schwarz-weiß gefärbt, die Ente unscheinbar graubraun. Eiderenten können 20–30 Jahre alt werden. Die Geschlechtsreife tritt mit 3 Jahren ein. Ihre Nahrung finden Eiderenten fast ausschließlich im Meer. Sie fressen Miesmuscheln und andere Mollusken, Krebse sowie Fische und Fischabfälle. Die Brutplätze befinden sich fast immer am Meer, vorzugsweise auf kleinen Inseln und an Flußmündungen. Manchmal brüten Eiderenten auch an Seen in Küstennähe. Die Kolonien können sehr groß sein, die größten befinden sich im Bereich der Westfjorde und zählen bis zu 7000 Paare. 1805 gab es in Island knapp über 100 größere Eiderentenkolonien; 1914 waren es rund 250; heute gibt es über 300 Brutkolonien.
Je nach Witterung beginnen die Eiderenten zwischen Ende April und Mitte Mai mit dem Brutgeschäft. Dazu baut die Ente – meist im Schutze von Steinen, Grasbülten oder Treibholzstämmen – ein einfaches Nest aus Tang, Gras oder Moos, das sie mit ihren eigenen Daunenfedern, die sie sich zwischen den großen Brust- und Bauchfedern ausrupft, dick auspolstert. Sie legt gewöhnlich 3–4 Eier, selten bis zu 10. Die Enten brüten allein etwa $3^1/_2$ Wochen lang; in dieser Zeit nehmen sie so gut wie keine Nahrung zu sich und leben von ihren Fettreserven. Die Erpel halten sich zunächst in Nestnähe auf, verlassen die Kolonie aber bereits im Juni. Sobald die jungen Eiderenten geschlüpft sind, führt die Mutter sie auf dem kürzesten Weg zum Meer. Sie können sofort schwimmen und tauchen und folgen ihrer Mutter noch einige Zeit. Viele von ihnen fallen räuberischen Großmöwen zum Opfer.
Gar nicht so selten halten sich **Prachteiderenten**, die aus Grönland stammen, in den Kolonien der Eiderenten auf. Prachteider-Erpel paaren sich vor allem an den Brutplätzen in den Westfjorden hin und wieder mit Eiderentenweibchen. Eine reine Prachteiderentenbrut hat es in Island bisher nicht gegeben.

Bei der Ernte der Eiderdaunen muß man ruhig und behutsam vorgehen.

Eiderdaunen sind ein begehrter Exportartikel Islands.

Schon immer wurden die Eiderdaunen von Menschen zum Schutz gegen Kälte verwandt. Die meisten großen Eiderentenkolonien sind Eigentum eines Bauern. Die Eiderbauern schützen ihre Vögel vor Feinden wie z. B. Eisfüchsen, Nerzen, Gerfalken und Großmöwen. Viele Kolonien sind eingezäunt. Die Nester sind oft markiert, damit sie leichter wiedergefunden werden können. Manchmal stellen die Besitzer den Enten »Nisthilfen« zur Verfügung; oft sind das alte Autoreifen, die die Vögel offenbar gern als Unterlage annehmen.
In den bewirtschafteten Kolonien werden die Daunen sofort nach dem Schlüpfen der Jungen eingesammelt. Dabei muß der Besitzer sehr vorsichtig zu Werke gehen, damit die noch brütenden Enten nicht verscheucht werden. Jedes Nest erbringt im Schnitt 17 g gereinigte Daunen. Ein Bauer muß also rund 60 Nester absammeln, bevor er 1 kg Daunen erhält. Die Nachfrage nach isländischen Eiderdaunen in der Welt ist sehr hoch. Es gibt zwischen 250 und 270 Eiderbauern in Island. Sie produzieren jährlich lediglich 2000–2500 kg Eiderdaunen. Dennoch garantiert ihnen die Eiderentenwirtschaft ein gutes zusätzliches Einkommen. Zwischen 1980 und 1990 lag der Weltmarktpreis für 1 kg Eiderdaunen bei 650,– bis 1450,– DM.

Unterkunft/Information

Einen offiziellen Zeltplatz gibt es im ausgewählten Gebiet nicht, dafür je einen in Blönduós im Osten und einen bei Hvammstangi im Westen. An der Straße 1 gibt es am Fluß Víðidalsá das Gästehaus **Víðihlíð**, dem eine Tankstelle mit Werkstatt und eine Cafeteria angeschlossen sind.

Karten

Generalkarte Island, Blatt 4, Mittelnordostisland, 1:250 000, Landmælingar Íslands, 1991.
Generalkarte Island, Blatt 2, Mittelwestisland, 1:250 000, Landmælingar Íslands, 1991.
Straßenkarte Island, 1:500 000, Landmælingar Íslands, 1991[5].

Blick in die Umgebung

Östlich des beschriebenen Gebiets liegt die Halbinsel **Skagi**, die auf den Straßen 74, 745 und 744 umrundet werden kann. Der nördliche Teil der Halbinsel, die **Skagaheiði**, ist eine flache Tundrenlandschaft mit sehr vielen kleinen und mittelgroßen Seen. Das Gebiet ähnelt sehr dem von Melrakkaslétta (s. S. 44). Das Gelände steigt von Norden nach Süden allmählich von 100 m auf 200 m an und geht dann in ein Bergland von bis zu 900 m Höhe über. In der Tundra ist der Eistaucher Brutvogel. Manchmal kann man ihn von der Straße aus beobachten. Weiterhin brüten Sterntaucher, Singschwan, Regenbrachvogel, Odinshühnchen, Goldregenpfeifer. An der fast 10 km langen Steilküste von **Króksbjarg** nisten zahlreiche Seevögel. Im Norden von Skagi gibt es zwei große Eiderentenkolonien bei dem Hof **Hraun** und dem verlassenen Gehöft **Hafnir**. Auf der Ostseite der Halbinsel nisten in den Klippen des Massivs **Tindastóll** große Mengen von Eissturmvögeln, Alken, Dreizehen- und Mantelmöwen.

8 Snæfellsnes

Halbinsel im Westen Islands, die sich in West-Ost-Richtung erstreckt; außerordentlich abwechslungsreiche Landschaft mit sehr alten und sehr jungen Gesteinen; Berglandschaften, Strandseen, Steilfelsen mit Vogelfelsen; große Bestände der Eismöwe.

Die Halbinsel Snæfellsnes wird begrenzt durch zwei große Meeresbuchten: auf der Nordseite vom **Breiðafjörður**, auf der Südseite vom **Faxaflói**. Das Rückgrat der Halbinsel wird gebildet von tertiären und eiszeitlichen Basalten. Die Berge sind bis zu 900 m hoch. Alles wird überragt von dem wesentlich jüngeren, 1446 m hohen Zentralvulkan **Snæfellsjökull** an der Westspitze der Halbinsel. Seine Gletscherkappe bedeckte zu Beginn dieses Jahrhunderts noch 25 km^2, heute nur noch 11 km^2. Er liegt in einer der beiden Vulkanzonen im Westen und im Osten von Snæfellsnes, die sich in der Eiszeit gebildet haben. Zum letzten Mal war er vor 1750 Jahren aktiv.
Nach Süden fällt das Bergland ziemlich abrupt in ein 2–10 km breites Küstenvorland ab, das von der Meeresbrandung und von Flußsedimenten aufgebaut worden ist. Dort eingestreut sind zahlreiche flache Strandseen – wohl ehemalige Haffs –, die ideale Brutplätze für Wasservögel darstellen. Im Westen hingegen brandet das Meer an eine Steilküste, die von Lavaströmen des Snæfellsjökull gebildet wird. Der Norden der Halbinsel ist eine regelrechte Fjordküste. So ragt der **Kolgrafafjörður** fast 10 km tief ins Landesinnere

Krähenscharbe und Tordalk sind zwei typische Arten der nordatlantischen Vogelberge.

Svalþúfa – ein fast kompletter Vogelberg an der Felsküste östlich von Malarrif.

hinein. Steile Bergflanken als Ränder von Trogtälern weisen auf die eiszeitliche Entstehung der Landschaft hin. Die Halbinsel ist nur dünn besiedelt. Im Gegensatz zur versandeten Ausgleichsküste auf der Südseite ist die Nordküste zur Anlage kleinerer Häfen geeignet. Hier befinden sich die Fischerorte Grundarfjörður, Hellissandur, Ólafsvík und Stykkishólmur.

Auf Snæfellsnes gibt es mehrere Naturschutzgebiete. An der Südküste liegt bei der Ortschaft **Arnarstapi** das Reservat **»Ströndin við Stapa og Hellna«**, das 58 ha umfaßt und erst 1988 eingerichtet worden ist. Hier gibt es an der Südwestecke von Snæfellsnes etliche Seevogelkolonien an Steilfelsen. Die im Grundarfjörður liegende Insel **Melrakkaey** ist nur 9 ha groß. Sie wurde 1974 unter Naturschutz gestellt. Dort befindet sich eine der wenigen Eismöwenkolonien zu ebener Erde. Weitere Brutvögel dort sind Kormoran, Krähenscharbe, Dreizehenmöwe, Papageitaucher.

Pflanzen und Tiere

Die älteren Landschaftspartien sind bedeckt mit Zwergstrauchheiden, in denen Zwergbirke (S. 78), Krautweide (S. 65), Rosenwurz, Stengelloses Leimkraut (S. 119), Alpenfrauenmantel, Gewöhnliche Grasnelke (S. 112) und Frühblühender Thymian dominieren. Hier wächst an einer der wenigen Stellen in Island der Schwedische Hartriegel. Die frischen Lavaströme in den aktiven Vulkanzonen sind von *Rhacomitrium*-Heiden bedeckt (s. S. 20). In den außerordentlich dicken Polstern der Zackenmützen-Moose können sich nur wenige höhere Pflanzen halten, z. B. Rosenwurz, Säuerling (S. 129) und Viviparer Schwingel.

Die Steilhänge der gesamten Nordküste sind Brutfelsen für viele tausend Eissturmvögel. Auf einzelnen Bergen befinden sich auch große, manchmal fast reine Kolonien der Eismöwe, während diese Art in Süd-

Im Gegensatz zur Silbermöwe hat die Eismöwe keine schwarzen Abzeichen am Flügel.

Der Schwedische Hartriegel blüht im Juli.

Der Eissturmvogel bewohnt meist die oberen Stockwerke der Vogelfelsen.

und Ostisland nur noch mit der Silbermöwe (S. 111) vermischt brütet. Dabei setzt sich auf Dauer die Silbermöwe als die Art mit der größeren ökologischen Toleranzbreite zu Ungunsten der Eismöwe durch.

Entlang den Küsten suchen Singschwäne (S. 37), Eiderenten (S. 67), Austernfischer (S. 125), Alpenstrandläufer (S. 63) und andere Limikolen sowie Herings- und Eismöwen bei Ebbe in den Fjorden nach Futter. Auf den zahlreichen Seen an der Südküste sind Sterntaucher (S. 41), verschiedene Enten, Lachmöwen, Graugänse (S. 43), Singschwäne häufig. Im sumpfigen Gelände im Umfeld der Seen brüten Bekassine (S. 73), Rotschenkel (S. 75), Regenbrachvogel (S. 39), Alpenstrandläufer und Odinshühnchen (S. 40). Die Steilfelsen der Südwestküsten bei Arnarstapi und Lóndrangar beherbergen etliche Vogelberge.

Im Gebiet unterwegs

Wenn man die Insel von Norden her anfährt, ist die erste interessante Stelle der **Álftafjörður** ①. Hier übersommern regelmäßig zahlreiche noch nicht geschlechtsreife Singschwäne (isl. »álft« = Singschwan).

Die Schären des **Breiðafjörður** ② stellen ein wichtiges Brutgebiet für Seevögel und Limikolen dar. Hier brüten u. a. über 5000 Krähenscharben, 2000 Kormorane und 3000 Paare der Eismöwe. Mit seinen ausgedehnten Wattenlandschaften ist der Breiðafjörður ein wichtiges Durchzugsgebiet für auf Grönland brütende Limikolen und Gänse, vor allem für Weißwangen- und Ringelgänse. Hin und wieder kann man auf den Inseln Seehunde und Kegelrobben sehen. Eine der interessantesten Inseln ist **Flatey** (nördlich des von der Karte erfaßten Gebietes), die von der Fähre angelaufen wird, welche zu den Nordwestfjorden fährt. Hier brüten verschiedene Limikolen in zum Teil sehr großer Sied-

lungsdichte und etliche Vogelfelsenbewohner, darunter die Gryllteiste, in hoher Zahl. Ein Teil der Insel ist seit 1975 Naturschutzgebiet.
In den steilen Bergen westlich von **Grundarfjörður** ③ nisten großen Mengen von Eismöwen, die von der Straße aus gut beobachtet werden können. Im Hafen dieses Fischerdorfes kann man sehr gut Flugaufnahmen von Eismöwen machen, die sich regelmäßig für die Abfälle einer Fischfabrik interessieren, ebenso wie etliche Eissturmvögel. Am Strand bei Ólafsvík findet man zahlreiche Schalen der Isländischen Kammuschel, die hier in großen Mengen gefangen und industriell genutzt wird. Die zerkleinerten Schalen werden sogar als Straßenbelag verwandt.
Südlich der Straße zwischen **Hellissandur** und **Rif** ④ liegt eine Küstenseeschwalbenkolonie mit über 20000 Paaren. Auf der anderen Straßenseite gibt es breite Strände aus schwarzem Lavasand mit herrlichen Beständen von Strandroggen, Meersenf, Salzmiere und Mertensie. Folgt man der strandnahen Straße 574, zweigt eine Piste ab zur Bucht von **Dritvík** ⑤. Dort erstreckt sich eine malerische Küste aus schwarzem Lavasand. Mit Glück kann man Robben auf den Schären liegen sehen.
Östlich des Leuchtturms von **Malarrif** erhebt sich die bizarre Zinne der Vulkanschlotruine **Lóndrangar** ⑥. An der Steilküste östlich dieses Felsens brüten zahlreiche Seevögel an dem besonders schönen, fast kompletten Vogelfelsen **Svalþúfa.** Von oben hat man einen faszinierenden Einblick in die Brutkolonien von Eissturmvogel, Krähenscharbe, Trottel- und Dickschnabellumme, Tordalk, Gryllteiste und Dreizehenmöwe. Vor und über der Kolonie fliegen regelmäßig Silber-, Mantel- und Schmarotzerraubmöwen, um nach erreichbaren Eiern oder Jungvögeln Ausschau zu halten oder um den heimkehrenden Altvögeln die gefangene Beute abzujagen. Ab Anfang Juli sollen sich vor der Küste mausernde Erpel der Kragenente aufhalten.

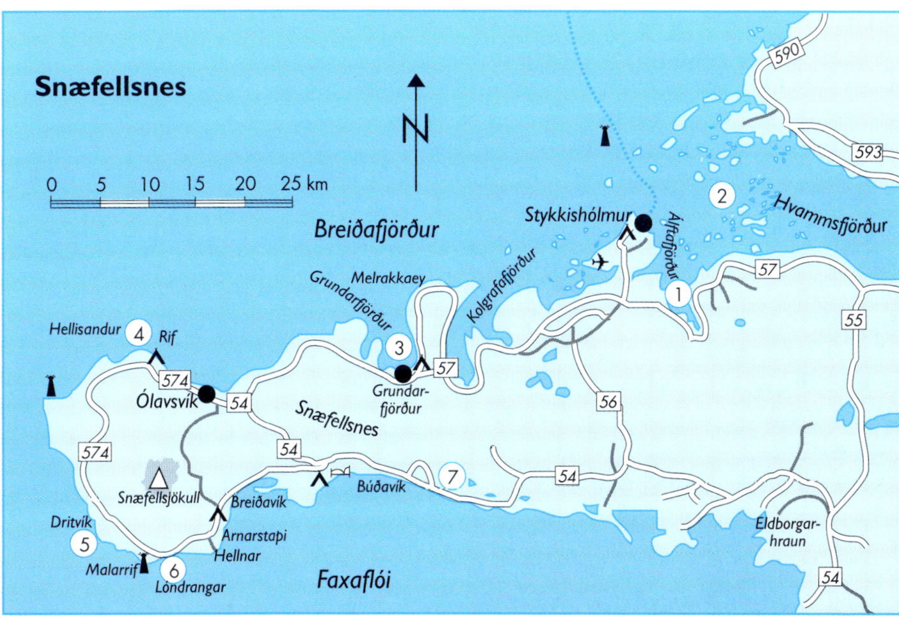

Trottellumme mit Küken. Die Jungen sind manchmal schon im Alter von 14 Tagen voll befiedert.

Die Dickschnabellumme erkennt man leicht an einem weißen Streifen hinter dem Oberschnabel.

Weiter östlich an der Südküste sind die zahlreichen Strandseen gleich nördlich der Straße 54 ⑦ ein sehr lohnenswertes Exkursionsgebiet. Viele Enten, etliche Singschwäne und vereinzelte Eistaucher können beobachtet werden.
Man kann von Ólafsvík und Arnarstapi aus auf mehreren Routen den Gipfel des **Snæfellsjökull** besteigen. Heute ist der Aufstieg stark erleichtert, weil ein »jeep-track« zwischen beiden Orten direkt unterhalb des Gletschers verläuft – von dem aus man im übrigen eine wunderbare Aussicht auf die Südküste der Halbinsel hat.
VORSICHT: Der Aufstieg auf den Gletscher ist wegen zahlreicher Spalten im Eis sehr gefährlich. Es wird geraten, bevor man eine Gletschertour unternimmt, Kontakt zur Polizei in Ólafsvík aufzunehmen.

Praktische Tips

Anreise
Die Anreise erfolgt mit dem Wagen oder mit dem Fahrrad über die Straßen 54, 55 und 57. Je nachdem, ob man von Süden oder von Norden anreist, kann man die

Die Rosenwurz wird gerne von Schafen gefressen und ist daher in Weidegebieten selten.

Die Lavaströme des Snæfellsjökull sind mit Zackenmützenmoosen bewachsen.

Halbinsel im Uhrzeigersinn oder ihm entgegen umfahren. Mehrmals täglich fährt ein Linienbus von Reykjavík zu den Hauptorten auf Snæfellsnes.

Klima/Reisezeit
Das Klima kann als feucht-kühlgemäßigt bezeichnet werden. Die Jahresdurchschnittstemperatur liegt mit 4,2 °C relativ hoch. Die Niederschläge halten sich mit rund 750 mm im mittleren Bereich. Die beste Reisezeit ist Juni bis August. Wenn man die Vogelfelsenbewohner noch am Brutplatz erleben möchte, muß man am besten zwischen Juni und Mitte Juli kommen. Danach verlassen die Lummen bereits wieder ihre Brutkolonien und ziehen aufs offene Meer. Wenige Wochen später folgen ihnen die Papageitaucher und Dreizehenmöwen.

Die Mantelmöwe ist die größte Möwe. Sie nistet oft in der Nähe von Vogelbergen.

Ausrüstung
Das obligatorische Fernglas ermöglicht eine gute Beobachtung der Vögel. Mit langbrennweitigen Objektiven kann man gute Fotos an den Vogelbergen machen. Für Wanderungen entlang der Küste ist festes Schuhwerk, für Aufstiege auf den Snæfellsjökull eine gute Bergsteigerausrüstung nötig.

Vogelberge

Vogelberge oder Vogelfelsen, so werden Meeresvogelkolonien an Steilküsten genannt. Es gibt sie auf der gesamten Nordhalbkugel. Im Pazifik brüten auf ihnen meist andere Arten als im Atlantik. Nur Eissturmvogel, Trottel- und Dickschnabellumme, Grylltեiste und Dreizehenmöwe besiedeln beide Meere. In ihrem Vorkommen auf den Nordatlantik beschränkt sind dagegen Baßtölpel, Krähenscharbe, Tordalk und Papageitaucher, alle typische Hochseevögel, die die meiste Zeit auf dem offenen Meer verbringen. Nur für einige Sommermonate »gehen sie an Land«, um hier in manchmal unermeßlich großen Kolonien zu brüten.
Zur Entstehung von Vogelbergen sind zwei Voraussetzungen nötig: steile, unzugängliche Felswände in Küstennähe, die Schutz vor Feinden bieten, und ein reiches Nahrungsangebot im Meer. Die meisten und größten Vogelfelsen gibt es im Norden im Bereich der »Polarfront«, wo kalte und warme Meeresströmungen zusammenstoßen und durch die ständige Umwälzung das Oberflächenwasser besonders stark mit Nährstoffen anreichern. Bei der durch die Mitternachtssonne erheblich gesteigerten Sonneneinstrahlung entwickeln sich hier im Sommer rasch ungeheure Mengen an pflanzlichem Plankton, das tierischem Plankton als Nahrung dient. Dies wiederum fressen Krebse und Fische, die dann an manchen Stellen so häufig auftreten, daß sich ein Millionenheer von Seevögeln von ihnen ernähren kann.
Dabei sind die »Nahrungsansprüche« der verschiedenen Arten klar untereinander abgegrentzt: Alle Alkenarten fressen Fische. Während Papageitaucher und Tordalken vorzugsweise die relativ kleinen Sandaale am Meeresgrund fangen, ist die Trottellumme auf größere Fische bis zu Heringsgröße spezialisiert, die sie im freien Wasser erbeutet. Die Gryllteiste fischt überwiegend in geringer Entfernung zur Küste, während die übrigen Alken zur Nahrungssuche weiter hinausfliegen. Die Dreizehenmöwe frißt gewöhnlich planktische Krebse, genau wie der Eissturmvogel, dem zusätzlich Abfälle der Fischindustrie als Nahrung dienen.
Das Treiben an einem Vogelfelsen wirkt auf den ersten Blick wie ein heilloses Durcheinander. In Wirklichkeit ist diese Lebensgemeinschaft deutlich strukturiert: Am Fuße des Felsens brüten die Dreizehenmöwen, darüber die beiden Lummenarten und ganz oben die Papageitaucher. (Dazwischen nisten an geeigneten Stellen Eissturmvögel, Krähenscharben, Gryllteisten und Tordalken. Baßtölpel bilden oft eigene Kolonien in den Vogelbergen.)
Diese Aufteilung hat durchaus einen Sinn. Dreizehenmöwen benötigen kleine Felsvorsprünge, an denen sie ihre überwiegend aus Tang gebauten Nester befestigen können. Diese Voraussetzung ist meist unten am Vogelfelsen gegeben. Lummen sind relativ schwere Vögel, die schlecht manövrieren können. Deshalb dürfen ihre Brutplätze nicht zu dicht über dem Wasser liegen und müssen einfach anzufliegen sein. Die Papageitaucher schließlich bewohnen das oberste Stockwerk der Vogelberge, dort wo der Fels mit einer Schicht aus Erdreich bedeckt ist. Da hinein graben sie ihre Bruthöhlen, in denen sie ein einziges Junges großziehen. Auf dem Plateau der Vogelberge brüten schließlich noch Mantel- oder Silbermöwen, für die solche Brutkolonien ergiebige Nahrungsreservoire darstellen.

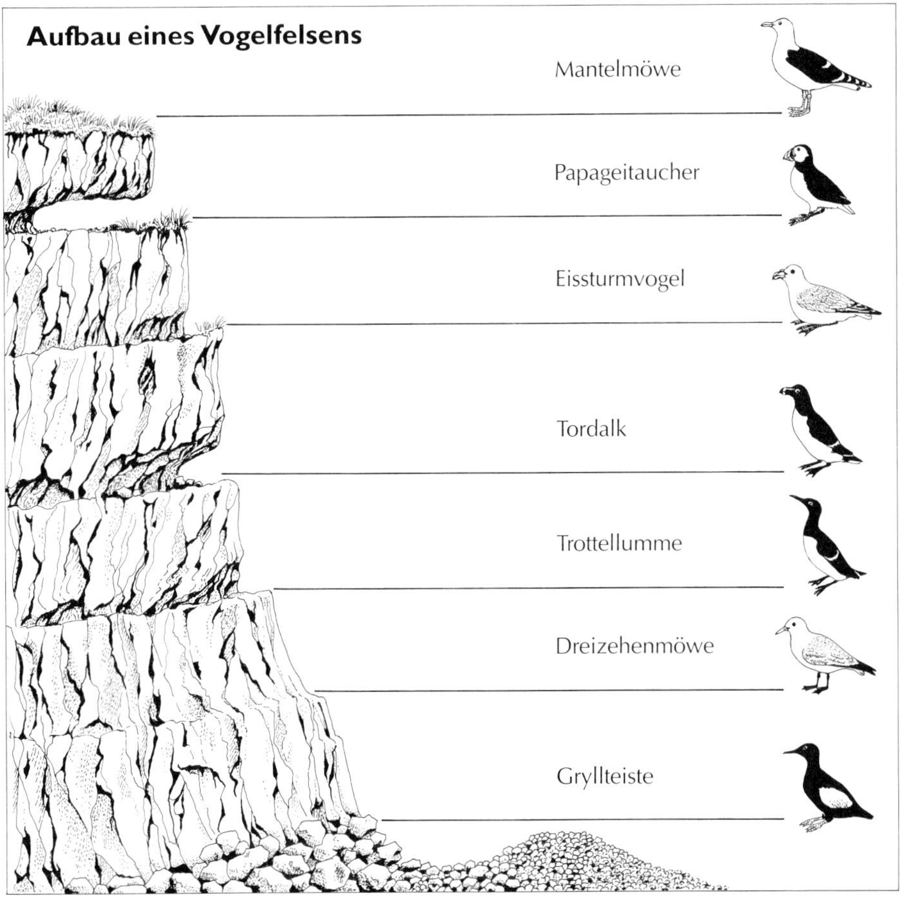

Unterkunft/Information

Es gibt folgende Zeltplätze auf Snæfellsnes (die Öffnungszeiten in Klammern): Stykkishólmur (15.5.–30.9.), Kverná í Grundarfirði (15.6.–31.8.), Ólafsvík (1.6.–31.8.), Hellissandur-Rif (1.6.–31.8.), Arnarstapi (1.6.–31.8.) und Búðir (1.6.–31.8.). Die ersten vier sind komfortabel ausgestattet, die beiden letzten etwas spartanisch. Hotels oder Gästehäuser gibt es in Stykkishólmur und Ólafsvík an der Nordküste und bei Búðir und dem Gehöft Hoftún an der Südküste. Informationen können an der Rezeption der großen Hotels eingeholt werden.

Karten

Generalkarte Island, 1:250 000, Blatt 2, Mittelwestisland, Landmælingar Íslands, 1987.
Straßenkarte Island, 1:500 000, Landmælingar Íslands, 1991[5].

Blick in die Umgebung

Von **Stykkishólmur** kann man mit der Fähre zu den Nordwestfjorden fahren. Adresse: Flóatbáturinn Baldur, Skólastig, Stykkishólmur. Man kann auch Ausflüge in die Inselwelt des Breiðafjörðurs unternehmen; Informationen im Hotel Stykkishólmur.

9 Þingvellir-Nationalpark

Islands erster Nationalpark, 1928 eingerichtet; bequem erreichbar; vor allem kulturhistorisch und geologisch interessantes Gebiet am Nordrand des Þingvallavatns, des größten isländischen Sees; auch naturkundlich interessant wegen einer reichhaltigen und üppigen Flora; vielleicht die beste Gelegenheit, in Island den Eistaucher ohne große Anstrengung an seinem Brutplatz zu beobachten.

Wer erwartet, in diesem Nationalpark eine abgeschiedene, naturbelassene Landschaft vorzufinden, wird enttäuscht. Þingvellir ist wie kein anderes isländisches Schutzgebiet besiedelt und von asphaltierten Straßen durchzogen. Südlich der ausgedehnten Hotelanlage von **Valhöll** erstreckt sich eine Reihe von Wochenendhäusern. Dort sind fremdländische Nadelbäume angepflanzt worden, die so recht gar nicht hierher passen.

So stehen bei der Bewertung des Nationalparks sicher nicht ökologische Gesichtspunkte im Vordergrund, sondern die Bedeutung, die er für die Geschichte und die Veranschaulichung der Geologie des Landes hat. Þingvellir liegt im westlichen Teil einer Grabensenke zwischen den Felsabbrüchen der **Almannagjá** (Allmännerschlucht) im Westen und der **Hrafnagjá** (Rabenschlucht) im Osten. Hier stoßen die eurasische und die nordamerikanische Kontinentalplatte aneinander. Nach Ansicht von Experten ist nirgendwo auf der Erde das Aufeinandertreffen dieser Platten so deutlich zu sehen wie in Þingvellir. Der Besucher steht hier sozusagen mit einem Bein in Europa und mit dem anderen in Amerika.

Die beiden Platten bewegen sich mit einer Geschwindigkeit von 2 cm im Jahr voneinander fort (s. S. 10). Diese Bewegung läuft nicht kontinuierlich ab, sondern unter Spannungen in der Erdkruste. Das hat dazu geführt, daß kilometerlange Spalten im Boden aufgerissen sind und mehrere Meter auseinanderklaffen. Mit dem Auseinanderdriften der Platten geht eine Absenkung des Talbodens einher. In 9000 Jahren ist er um etwa 40 m abgesunken. Auch diese Absenkungen gehen nicht gleichmäßig vor sich. Bei einem Erdbeben im Jahre 1789 fiel die Senke in 10 Tagen um 50 cm.

◀ Die Waldengelwurz ist zierlicher als die Echte Engelwurz und hat im Gegensatz zu dieser weiße Blüten.

Die mächtige Schlucht Alamannagjá entstand durch horizontale Bewegungen in der Erdkruste. ▶

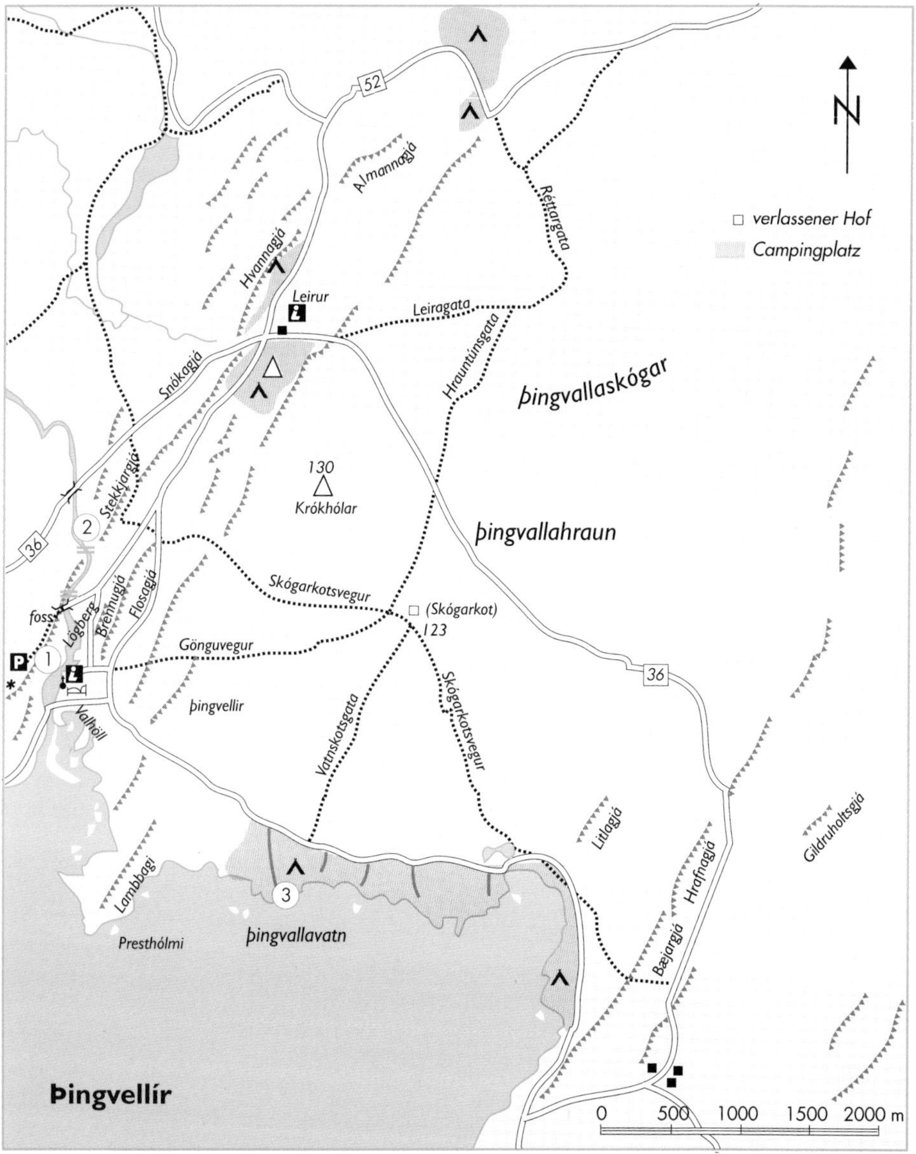

Kein Ort in Island hat eine so starke Bedeutung für die Geschichte des Landes wie Þingvellir. Bereits gegen Ende der kurzen Phase der Landnahme zwischen 874 und 930 trat das Alþing, die gesetzgebende Versammlung aller Landsleute, zum ersten Mal hier zusammen. Nicht ohne Stolz wird dieser Vorgang von den Isländern als Geburtsstunde ihrer Republik betrachtet. Bis zum Untergang der alten Republik im Jahre 1271 war das Alþing die höchste gesetzgebende und rechtsprechende Instanz

in Island. Lögberg, der Gesetzesfelsen, war der Mittelpunkt der alljährlichen Alþing-Versammlungen. Den Vorsitz führte der Gesetzessprecher, der die beschlossenen Gesetze der Versammlung vorzutragen hatte, bevor sie aufgeschrieben werden konnten.
Gesetzgebende und rechtsprechende Tätigkeiten waren der Hauptanlaß zu diesen Versammlungen. Daneben fanden Spiele, Wettkämpfe und Gelage statt. Kaufleute und Handwerker kamen in Þingvellir zusammen, um Handel zu treiben, ebenso wie viele Gäste aus dem Ausland. Hier wurden die Grundlagen für die isländische Sprache und Literatur gelegt. Alle wesentlichen Ereignisse der Landesgeschichte sind mit dem Alþing von Þingvellir verbunden: Die Gründung des Freistaates im Jahre 930, die Annahme des Christentums im Jahre 1000, die Unterwerfung unter die norwegische Krone im Jahre 1262 und auch die Gründung der heutigen isländischen Republik am 17. Juni 1944. An diesem Tag waren 30 000 Isländer hier zusammengekommen, denen der Präsident des Alþings das Inkrafttreten der neuen Verfassung verkündete. Im Jahre 1974 tagte das neue Parlament noch einmal am Gesetzesberg in Anwesenheit von 60 000 Landsleuten zur 1100-Jahr-Feier der Besiedlung des Landes.

Pflanzen und Tiere

Wegen der hohen Feuchtigkeit und der windgeschützten Lage in der Almannagjá wachsen hier einige Pflanzenarten besonders üppig, wie z. B. Waldstorchschnabel (S. 54) und Echte Engelwurz (S. 62). Weiterhin finden sich Waldengelwurz, Gewöhnliches Fettkraut, Rosenwurz (S. 86) und Westliche Kuckucksblume (S. 64). Auf den Zwergstrauchheiden wachsen Feldenzian (S. 101), Rauschbeere (S. 129), Schwarze Krähenbeere, Besenheide, Frühblühender Thymian, Echtes Labkraut

Der Knöllchenknöterich vermehrt sich durch Brutknollen.

(S. 54) und im Herbst zahlreiche Birkenpilze. Im Spätsommer ist entlang den Wegrändern der Herbstlöwenzahn häufig. Am Rande kleiner Seen beim Hotel Valhöll finden sich dichte Bestände von Fieberklee, Sumpfblutauge (S. 50) und Schmalblättrigem Wollgras (S. 118).
Im Gebiet von Þingvellir sind bisher rund 60 Vogelarten beobachtet worden, von denen etwas mehr als die Hälfte auch hier brütet. Zu den Brutvögeln zählen: Eistaucher, Stock-, Berg-, Reiher- und Kragenente, Merlin, Goldregenpfeifer (S. 27), Regenbrachvogel (S. 39), Rotschenkel (S. 75), Sturm- und Lachmöwe, Küstenseeschwalbe (S. 126), Zaunkönig (S. 32), Rotdrossel (S. 105), Schneeammer (S. 60) und Kolkrabe. Auf dem Þingvallavatn selbst sind gewöhnlich bis auf einige Möwen und hin und wieder einen Eistaucher kaum Vögel zu beobachten. Das liegt daran, daß der See vergleichsweise tief und deshalb am Ufer ziemlich vegetationslos ist. Mehr Vögel sieht man auf kleinen Tümpeln am Rande des Þingvallavatn.

Der Birkenpilz ist eßbar und in Waldgebieten und Zwergstrauchheiden überall häufig.

Die immergrünen Triebe der Besenheide sind ein Leckerbissen für das weidende Vieh.

Im Gebiet unterwegs

Þingvellir wurde 1928 durch Gesetzesbeschluß zum ersten isländischen Nationalpark erhoben. Das gesamte Gebiet steht unter Naturschutz. Genehmigungen zum Zelten und zum Aufstellen von Wohnwagen sind im »Service-Center« **Leirur** erhältlich. Zelten ist nur in ausgewiesenen und deutlich gekennzeichneten Arealen erlaubt. Angelkarten können ebenfalls im Service-Center erstanden werden. Es ist nicht gestattet, mit Fahrzeugen außerhalb der Straßen und markierten Wege zu fahren. Wanderer sollten auf den gekennzeichneten Wegen bleiben. Es ist nicht gestattet, im Parkgebiet offene Feuer zu unterhalten.

Wenn man den Nationalpark, von Reykjavík kommend, erreicht, liegt rechts der Straße ein Parkplatz neben einem Aussichtspunkt oberhalb der Almannagjá, der Allmännerschlucht ①. Von hier hat man bei gutem Wetter einen großartigen Überblick über die Ebene von Þingvellir bis hin zum 766 m hohen Tafelvulkan **Ármannsfell** im Norden und zum vielleicht schönsten Schildvukan Islands, dem 1060 m hohen **Skjaldbreiður** (s. S. 11) im Nordosten. Im Osten erhebt sich der Tafelvulkan **Hrafnabjörg** aus der Senke. Vom Aussichtspunkt kann man gute Übersichtsfotos vom Nationalpark machen.

Auf dem Weg durch die Schlucht zum Hof und zur Kirche von Þingvellir, vorbei an der unteren Fallstufe des **Öxarárfoss** ②, passiert man viele Stellen mit Bezug zur

Die Sturmmöwe gleicht einer kleinen Silbermöwe. Sie brütet noch nicht lange in Island.

Vom Aussichtspunkt über der Almannagjá hat man einen herrlichen Blick über die Ebene von Þingvellir bis hin zu den mächtigen Vulkanen im Hintergrund (Mitte links der Schildvulkan Skjaldbreiður).

»Justizgeschichte« des Landes. An den Orten mit den grauenerregenden Bezeichnungen Galgaklettar (Galgenfelsen), Drekkingarhylur (Ertränkungspfuhl) und Brennugjá (Verbrennungsschlucht) fanden Gesetzesbrecher und Gesetzesbrecherinnen auf sehr ausgeklügelte Vollzugsweise ihre »gerechte« Strafe.
Im Park gibt es viele Wanderwege. Der **Gönguvegur** führt vom Hof von Þingvellir zum verlassenen Bauernhof Skógarkot. Von dort kann man über den Weg **Vatnskotsgata** bis zum Hof **Vatnskot** ③ wandern, der auf einem Zeltplatz direkt am Nordufer des Þingvallavatns liegt.

Praktische Tips

Anreise

Von Reykjavík aus erreicht man den Nationalpark über die in ihrem gesamten Verlauf bis Þingvellir geteerte Straße 36. Die Zufahrt von Norden erfolgt über die Straße 52. Von Osten (aus Richtung Hauka-

Die Früchte der Schwarze Krähenbeere werden in großen Mengen von den Isländern gesammelt.

Der Eistaucher ist so groß wie eine kleine Gans. Er brütet nur an größeren Seen.

dalur/Gullfoss) erreicht man das Gebiet über die Straßen 35, 37 und 365. Von Süden her führt die 36 nach Þingvellir. Einmal täglich fährt ein Linienbus von Reykjavík aus Þingvellir an.

Klima/Reisezeit

Þingvellir kann das ganze Jahr über besucht werden. Alle geschichtlich und geologisch bedeutsamen Sehenswürdigkeiten können unabhängig von der Jahreszeit besichtigt werden.

Unterkunft/Information

Der Campingplatz von Þingvellir erstreckt sich über ein weites Areal und bietet einer großen Zahl von Zelten und Wohnwagen Raum. Es gibt einen Lebensmittelladen und eine Cafeteria, aber keine Duschen. Nebenan bietet das Hotel Valhöll ausgezeichnete, aber nicht ganz billige Unterkunft und Verpflegung. Informationen sind im »Service-Center« Leirur erhältlich und im Büro des Nationalpark-Direktors direkt an der Kirche von Þingvellir.

Karten

Spezialkarte Þingvellir, 1:25 000, Landmælingar Íslands, 1969.
Eine Karte, nach der man im Gebiet wandern und fahren kann, ist in dem vom Naturschutzrat herausgegeben Faltblättchen »Der Nationalpark von Þingvellir« abgedruckt. Es kann bei der Touristeninformation erworben werden. Zeltplatzbenutzer erhalten es kostenlos.

Blick in die Umgebung

In Richtung Osten ist die Weiterfahrt zum **Laugarvatn**, zum etwa 50 km entfernten **Haukadalur** mit den Geysiren Strokkur und Geysir (s. S. 103) und zum **Gullfoss**, dem schönsten Wasserfall Islands, möglich.

10 Halbinsel Reykjanes

Sehr junge, rauhe Vulkanlandschaft mit ausgedehnten Lavaströmen und Solfatarenfeldern; Teil der aktiven Vulkanzone Islands; ziemlich trocken wegen des porösen Untergrundes; im Herbst Durchzugsgebiete für Limikolen an den Küsten; Vogelfelsen im Südwesten und Süden.

Mit »Reykjanes« (von isl. »reykur« = Rauch und »nes« = Landzunge) war ursprünglich nur die äußerste Südwestspitze Islands gemeint. Tatsächlich »raucht dort die Erde« weithin sichtbar, bedingt durch die Solfataren (s. S. 13) von **Gunnuhver** und **Rauðhólar**. Heute gilt die Bezeichnung Reykjanes für die gesamte Halbinsel westlich einer Linie Reykjavík-Þorlákshöfn. Sie liegt in der Regel abseits der Route der meisten Islandtouristen. Zu Unrecht; denn die Halbinsel bietet dem naturkundlich Interessierten viel Sehenswertes.

Die Reykjanes-Halbinsel ist Teil des südwestlichen Seitenarms der aktiven Vulkanzone Islands (s. S. 10). Wie u. a. in Þingvellir und am Mývatn tritt hier der Mittelatlantische Rücken an die Oberfläche. Deutliche Folgen der vulkanischen Aktivität sind Risse in der Erde, kilometerlange Spalten, Verwerfungen, zahlreiche Vulkane und ausgedehnte Lavaströme sowie mehrere Geothermalgebiete, die zum Teil zur Energieerzeugung genutzt werden. Die Landschaft ist sehr jung und bisher kaum der Abtragung unterlegen. Eine Ausnahme bildet die Halbinsel **Miðnes** im Nordwesten; sie war während der Eiszeit vom

Die Solfataren beim Leuchtturm von Bæjarfell im Südwesten der Halbinsel Reykjanes.

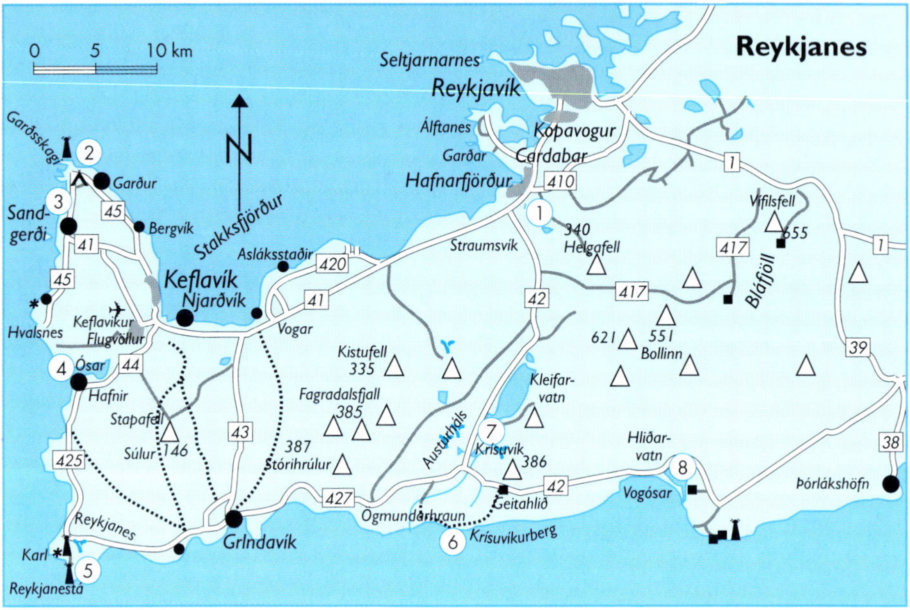

Meer bedeckt und wurde in dieser Periode ziemlich eingeebnet. Wegen der rauhen und kahlen Lavafelder ist das Innere der Halbinsel fast unbewohnt, nur am Rande gibt es einige bewirtschaftete Höfe.

Um den See **Kleifarvatn** ist das sehr ausgedehnte Landschaftsschutz- und Erholungsgebiet (isl. »fólkvangur«) **Reykjanesfólkvangur** eingerichtet, an das sich im Nordosten ein weiteres anschließt: **Bláfjallafólkvangur**. Durch diese Schutzgebiete führen zahlreiche Wanderwege und Pisten für Allradfahrzeuge.

Pflanzen und Tiere

Trotz der relativ hohen Niederschlagsmenge von 800 mm jährlich ist die Bodenoberfläche auf ganz Reykjanes trocken: Das Regenwasser versickert schnell im porösen Lavaboden; es gibt neben den großen Seen Kleifarvatn und Hlíðarvatn nur wenig Oberflächenwasser. Große Teile der Lavaströme sind mit *Rhacomitrium*-Heiden (s. S. 20) bedeckt, die starke Austrocknungen vertragen. Darin wachsen nur wenige trockenheitsresistente höhere Pflanzen wie Gewöhnliche Grasnelke (S. 112), Stengelloses Leimkraut (S. 119) und an manchen Stellen die Krautweide (S. 65).

Auf Miðnes ist die Vegetation dagegen teilweise üppig. An Wegrändern wachsen Vogelwicke (S. 36), Ackerkratzdistel und Herbstlöwenzahn. Am Küstensaum finden sich Gewöhnliche Melde, Strandwegerich (S. 123) und Meersenf (S. 111) und in Strandnähe auf den Zwerstrauchheiden Schwarze Krähenbeere (S. 95) sowie Feldenzian. Wo etwas mehr Feuchtigkeit vorhanden ist, wachsen Echte Engelwurz (S. 62) und Alpenfrauenmantel.

Die Tierwelt im Inneren der Halbinsel ist eher als spärlich zu bezeichnen. Auf den *Rhacomitrium*-Heiden leben Goldregenpfeifer (S. 27) und Wiesenpieper (S. 107), auf Lavahängen ist die Schneeammer (S. 60) zu Hause. An den wenigen Seen brüten Mittelsäger, Odinshühnchen (S. 40) und Küstenseeschwalbe (S. 126). Im Süden und Südwesten gibt es einige Vogelfelsen mit den charakteristischen Arten und eine Küstenseeschwalbenkolonie an der Südwestspitze.

Im Gebiet unterwegs

Bevor man von Reykjavík über die Straße 41 die Westseite von Reykjanes ansteuert, sollte man einen Abstecher auf die Halbinsel **Álftanes** machen. Dort gibt es einen wattenähnlichen Küstensaum mit Brackwasserbereichen, Tümpeln und sumpfigen Wiesen. Die Gegend ist ein wichtiges Rast- und Durchzugsgebiet für die isländischen Arten Austernfischer, Alpenstrandläufer und Rotschenkel ebenso wie für die auf Grönland brütenden Arten Ringelgans, Knutt und Steinwälzer, die hier vom Spätsommer bis in den Herbst beobachtet werden können. Ganz ähnliche Lebensräume weisen die Buchten bei Arnarnes und Hafnarfjörður auf. Auf der »anderen Straßenseite« der 41 liegt südlich von Hafnarfjörður der kleine See **Ástjörn** ①, wo in einem seit 1978 existierenden Naturschutzgebiet von 25 ha Fläche Ohrentaucher und Singschwäne beobachtet werden. Lachmöwen brüten hier in einer größeren Kolonie.
Das nächste interessante Exkursionsziel ist das Felswatt im Meer vor dem Leuchtturm von **Garðsskagi** ② an der Nordwestspitze der Halbinsel, die man über die Straße 45 erreicht. Hier liegen regelmäßig große Gruppen von Kegelrobben auf den Felsen. Ihr durchdringendes Heulen schallt bei Windstille weit ins Land. Leider sind sie gewöhnlich sehr scheu und lassen keine Annäherung unter 200 m zu. Vor dem Leuchtturm patrouillieren regelmäßig Baßtölpel, Krähenscharben, Skuas sowie Mantel- und Heringsmöwen. Wenn man vorsichtig ist und die Gezeiten beachtet, kann man einige Meter ins Felswatt hineinlaufen. Auffällig sind hier große Bestände des Blasentangs, auf dem zwei ver-

Kegelrobben sind im Felswatt von Reykjanes regelmäßig anzutreffen.

schiedene Strandschnecken der Gattung *Littorina* leben. Am Spülsaum findet man die Gehäuse von Purpur- und Wellhornschnecken. Hier wachsen oberhalb der Wasserlinie Strandwegerich, Gewöhnliche Melde, Gänsefingerkraut und Meersenf.
Direkt bei der Ortschaft **Garður** liegen einige kleine Seen, auf denen Reiherenten und Mittelsäger brüten. In den Wiesen sind Stare, Steinschmätzer und Wiesenpieper, am Strand auch Schneeammern zu beobachten. Beeindruckend ist der Küstensaum zwischen Garður und **Sandgerði** ③. Hier liegen einige kleine Strandseen. Am größten von ihnen brüten Küstenseeschwalben in einer beachtlichen Kolonie. Darüber hinaus ist der Küstenstreifen ein wichtiges Durchzugsgebiet für Singschwäne, Graugänse, Stock- und Eiderenten, für Steinwälzer, Knutts, Sanderlinge und Odinshühnchen und ein Rastplatz für Herings- und Mantelmöwen.
Will man an der Westküste weiter nach Süden fahren, muß man zurück nach Keflavík und kann dann über die 44 die Ortschaft **Hafnir** ansteuern. Vom Hafen dieses Dorfes aus sind die Leute losgefahren, die am 3. Juni 1844 den letzten Riesenalken auf Eldey getötet haben (s. S. 102). Direkt nördlich davon liegt die Bucht **Ósar** ④, ein wichtiges Überwinterungsquartier von Eistaucher, Ohren-

taucher und Singschwan sowie für Berg-, Eis- und Kragenente. Über die Straße 425 geht es weiter südwärts. Mit einem geländetauglichen Fahrzeug kann man auch eine Piste westlich der Straße befahren, die in Strandnähe verläuft.
Im Gebiet von **Gunnuhver** liegen große Solfatarenfelder, in deren unmittelbarer Nachbarschaft sich eine mehrere tausend Paare starke Küstenseeschwalbenkolonie befindet. Man erreicht sie über zwei verschiedene sehr rauhe Pisten. Von hier aus kann man weiterfahren zum Leuchtturm von **Bæjarfell** ⑤. 200 m vor der Küste liegt der Felsen **Karl Fingur**, auf dem Baßtölpel, Eissturmvögel, Lummen und Dreizehenmöwen nisten. Bei gutem Wetter kann man die rund 15 km entfernte Insel **Eldey** sehen, auf der sich mit ca. 15 000 Paaren eine der vier größten Baßtölpelkolonien der Erde befindet. Zwischen dem Leuchtturm und Hafnir im Norden liegt der Vogelfelsen **Hafnaberg**, den man nur zu Fuß erreichen kann.
Durch bizarre, zum Teil völlig vegetationslose Lavafelder, die ganz auffällig denen im Gebiet der Askja (s. S. 65) in Zentralisland ähneln, führt die Straße 425 über Grindavík und weiter nach Osten auf die Straße 42 zu. Bevor man 24 km östlich dieser Ortschaft auf die 42 einbiegt, kann man auf einem Rundwanderweg, der auf der Karte in der Broschüre über Reykjanesfólkvangur eingezeichnet ist, eine Exkursion zum Vogelfelsen **Krísuvíkurberg** ⑥ unternehmen. Dort befindet sich mit 50 000–100 000 Paaren die größte Seevogelkolonie Südwestislands. Brutvögel sind: Eissturmvogel, Kormoran, Trottel- und Dickschnabellumme, Tordalk, Gryllteiste, Papageitaucher, Dreizehenmöwe, Silber- und Mantelmöwe.
Wendet man sich an der Weggabelung der 425 mit der 42 nordwärts, erreicht man nach wenigen Kilometern die wassergefüllten Maare Grænavatn und Gestaðavatn. Wenig nördlich davon fällt schon von weitem durch mächtige Wasserdampffahnen das Solfatarengebiet von **Krísuvík** ⑦ auf. Einige verfallene Rohrleitungen weisen darauf hin, daß man in früheren Jahren offenbar versucht hat, die Erdwärme zu nutzen. Es gibt hier viele brodelnde Schlammtöpfe und heiße Quellen. Der große See **Kleifarvatn** nördlich davon ist fast völlig ohne Vogelleben, da er in weiten Uferbereichen vegetationslos ist. Nur in Flachwasserzonen am Südrand halten sich einige Limikolen auf. Die 42 führt von hier nach Norden auf dem kürzesten Weg über Hafnarfjörður nach Reykjavík.
Es lohnt sich jedoch, der Straße 42 weiter nach Osten in Richtung Þorlákshöfn/Hveragerði zu folgen. Etwa 20 km östlich der Gabelung der Straßen 425 und 42 gelangt man an den See **Hlíðarvatn** ⑧. Am See sind im Spätsommer regelmäßig Eistaucher und Kormorane anzutreffen, an der Küste kann man Seehunde und Kegelrobben beobachten. Nach weiteren 20 km besteht die Möglichkeit, nach Norden über die 39 auf Reykjavík zuzufahren. Folgt man der 42 und später der 38 in Richtung Hveragerði, kann man im weiten Mündungsbereich der **Ölfusá** im Sommer und Herbst reiches Vogelleben beobachten. Hier ziehen Singschwäne, Stock- und Krickenten und in manchen Jahren bis zu 5000 grönländische Bläßgänse durch.

Praktische Tips

Anreise

Die Anreise erfolgt von Reykjavík über die Straße 41 in westliche Richtung. Dann umrundet man die Halbinsel entgegen dem Uhrzeigersinn. Will man andersherum fahren, wählt man den Weg von Reykjavík über die Straßen 1 und 39 und beginnt die Umrundung am Treffpunkt der Straßen 39 und 42. Ein Linienbus fährt den internationalen Flughafen von Keflavík sowie die Orte Sandgerði und Garður an.

Klima/Reisezeit

Das Klima kann als gemäßigt ozeanisch bezeichnet werden. Der Januar ist der kälteste Monat mit einer Durchschnittstemperatur von -0,9 °C, der Juli der wärmste mit 10,6 °C. Die Jahresdurchschnittstemperatur liegt bei 4,5 °C. Pro Jahr fallen ca. 800 mm Niederschlag, am wenigsten davon in den Monaten Mai und Juni, am meisten im Oktober und im März. Reisezeit ist den ganzen Sommer über. Besonders interessant ist der Spätsommer, weil sich dann an den Küsten von Reykjanes viele Limikolen sammeln, auch solche, die nicht in Island brüten wie der Knutt, der Sanderling und der Steinwälzer.

Der Mittelsäger brütet auf küstennahen Seen.

Nur auf dem Zug in Island – der Steinwälzer.

Unterkunft/Information

Man kann in Reykjavík übernachten und die Halbinsel von dort aus »erschließen«. Informationen erhält man bei der Touristeninformation in Reykjavík (s. S. 144). Auf Reykjanes selbst gibt es viele verschiedene Möglichkeiten, eine Unterkunft zu finden. Zeltplätze befinden sich bei Grindavík, bei Njarðvík und Keflavík. Ein sehr kleiner Camingplatz, der auf keiner Karte eingezeichnet ist, liegt am Leuchtturm von Garðsskagi. In Grindavík ist eine Fischfabrik für die Sommermonate zu einem Gästehaus umfunktioniert worden.

Auf den Wiesen im Westen der Halbinsel Reykjanes wächst der Feldenzian.

Karten

Generalkarte Island, Blatt 3, Südwestisland, 1:250 000, Landmælingar Íslands, 1988.
Spezialkarte Südwestisland, 1:100 000, Landmælingar Íslands, 1989². Diese Karte ist ganz hervorragend!
Im Informationsblatt über das Landschaftsschutzgebiet Reykjanesfólkvangur ist eine sehr gute Karte abgebildet, nach der sich gut wandern läßt.

Blick in die Umgebung

Von Þorlákshöfn aus gibt es eine Fährverbindung mit den Vestmannaeyjar.

Nur bei ganz wenigen ausgestorbenen Tierarten, deren letzte Vertreter nicht in Gefangenschaft, sondern in »freier Wildbahn« umgekommen sind, läßt sich das Datum ihrer Auslöschung genau festlegen. Der Riesenalk gehört dazu. Die beiden letzten Vögel wurden am frühen Morgen des 3. Juni 1844 auf der Insel Eldey an ihrem Brutplatz getötet. Danach ist nie wieder ein lebender Riesenalk gesehen worden.
Zurückgeblieben sind nur etwa 80 ausgestopfte Exemplare, 2 konservierte Körper mit inneren Organen, 10 vollständige Skelette, 75 Eier und zahllose Knochen. Ein gut erhaltener Balg des Riesenalk steht heute im Naturhistorischen Museum Islands in Reykjavík (s. Foto). Er wurde 1971 auf einer Versteigerung bei Southebys in London für die stolze Summe von 33 000 Dollar erstanden.
Der Riesenalk sah einem Tordalken nicht unähnlich, war aber mit 70–80 cm Länge größer und mit 5 kg sehr viel schwerer. Vor allem aber war er flugunfähig. Hals und Schnabel waren erheblich länger als beim Tordalken. Männchen und Weibchen sahen gleich aus; die Jungen ähnelten den Altvögeln.
Ursprünglich brütete der Riesenalk nördlich des 40. Breitengrades an den Küsten, auf Inseln und Schären beiderseits des Atlantiks. Überall in seinem Verbreitungsgebiet ist er von den Ureinwohnern gejagt und auf landferne Inseln verdrängt worden, wo er eine Weile ungestört leben konnte. Als die ersten Wal- und Fischfänger ins Nordmeer vorrückten, entdeckten die Seeleute die großen, fleisch- und fettreichen Vögel als willkommene und leicht zu erbeutende Frischfleischreserve und schlachteten sie in Massen ab. Da die Riesenalken nur ein Ei legten und sich daher sehr langsam fortpflanzten, verringerten sich die Bestände rasch.
Um 1800 waren die Riesenalken bei Neufundland, Labrador und auf den Färöern ausgerottet, um 1812 bei den Orkneys, 1815 in Grönland und 1821 auf St. Kilda.
Zahlreiche isländische Inseln sind nach diesem Vogel benannt worden, so z. B. die Insel »Geirfuglasker« im Süden der Vestmannaeyjar (»geirfugl« ist der isländische Name für den Riesenalken). Hauptbrutplatz dieser Vogelart war vor Island seit dem 18. Jh. aber ein anderes »Geirfuglasker«, südwestlich von Eldey vor der Halbinsel Reykjanes gelegen. Dorthin fuhren die Isländer regelmäßig, um Riesenalken zu fangen, bis die Insel 1830 bei einem Erdbeben zerstört wurde.
Bei demselben Erdbeben erhielt die steile Insel Eldey ein kleines, flaches Unterland. Hierher zogen die letzten verbliebenen Riesenalken um. 1840 und 1841 wurden dort nur noch 3 Vögel und einige wenige Eier erbeutet, 1844 mußte der letzte Riesenalk sein Leben lassen.

11 Haukadalur

Islands bekanntestes Hochtemperaturgebiet; zahlreiche heiße Quellen mit zum Teil farbigen Sinterbecken; berühmteste Springquelle der Welt, der »Große Geysir«, heute leider nicht mehr aktiv; regelmäßig springender Geysir »Strokkur«

Island ist ausgesprochen reich an Geothermalgebieten (s. S. 13), etwa 250 gibt es im ganzen Land. Eines davon, vielleicht das berühmteste, liegt im Haukadalur im Bezirk Biskupstungur an der Straße 35. Es erstreckt sich in Nord-Süd-Richtung in einem etwa 120 m hoch gelegenen flachen Tal und bedeckt eine Fläche von rund 3 km^2.

Am Fuße des kleinen Rhyolithberges **Laugarfjall** entspringen eine große Menge heißer Quellen. Einige von ihnen stellen nichts anderes dar als Löcher mit heißem Wasser, andere sprudeln heftig. Einige sind Springquellen, die ihr Wasser stoßartig mit längeren oder kürzeren Pausen in die Luft schleudern. Die größte und bekannteste von allen heißt »**Geysir**« ① (vom isländischen Verb »geysa« oder auch »gjósa« = springen, hervorquellen) und ist zum ersten Mal 1647 unter diesem Namen beschrieben worden. Nach ihr werden alle anderen Springquellen der Welt als Geysire bezeichnet. Zur Unterscheidung heißt der Geysir von Haukadalur heute »**Stóri-Geysir**«, Großer Geysir. Eine andere, kleinere Springquelle, kaum 140 m von ihm entfernt, heißt **Strokkur** ② (= »Butterfaß«). Der erste Ausbruch des Geysirs fand vermutlich 1294 statt, im Zusammenhang mit einem Erdbeben im Haukadalur-Gebiet. Vorher soll der Große Geysir über Tausende von Jahren eine »ganz normale« heiße Quelle gewesen sein. Auch später wechselten Perioden der Ruhe mit Ausbruchsphasen ab. Im 17. Jahrhundert soll bei jedem Ausbruch des Geysirs, nachdem er fast 40 Jahre lang inaktiv gewesen war, die Erde ringsum merklich gebebt haben. Während des 18. Jahrhunderts war die Ausbruchstätigkeit wohl am regelmäßigsten. Es wird berichtet, daß der Geysir 1746 dreimal täglich gesprudelt habe. 1772 soll er alle halbe Stunde ausgebrochen sein. Später wurden die Pausen zwischen den Eruptionen immer länger: 1805 sechs Stunden, 1840 30 Stunden; 1883 bis 3 Wochen. Mehrfach haben kleinere Erdbeben den Großen Geysir reaktiviert. Seit dem Beben von 1896 sprang er wieder täg-

Mehr als 20 m hoch schießt die Wasserfontäne des Strokkur in den Himmel.

Der Gullfoss gilt als Islands schönster Wasserfall.

Die Alpenlichtnelke, eine Pflanze trockener Wiesen.

lich, später immer seltener, bis er 1905 seine Tätigkeit ein für allemal einstellte. Alle späteren Ausbrüche wurden künstlich erreicht, indem man entweder den Wasserspiegel im Quellschacht absenkte oder Schmierseife in den Schacht schüttete. Bis zu 80 m hoch soll seine Wasserfontäne in den Himmel geschossen sein.

Der Geysir Strokkur im Moment des Ausbruchs.

Heute ruht der Große Geysir. Nur alle paar Jahre einmal wird er durch den Unfug der Einleitung von Schmierseife wieder zum Leben erweckt. Dennoch kann man Geysirtätigkeit im Haukadalur-Gebiet bestens beobachten. Denn nahebei befindet sich der kleinere Geysir **Strokkur**. Regelmäßig alle 6–7 Minuten schleudert er eine Wassersäule von 20 m in die Luft. Jeder Ausbruch wird durch ein leichtes Grummeln in der Erde angekündigt. Dann beginnt das Wasser im Schacht zu wallen, es zeigen sich Blasen, bevor sich die Wassersäule in der Mitte des Beckens einige Male hebt und senkt und schließlich halbkugelartig hochwölbt und das Wasser in einer Fontäne hoch in die Luft schießt, gefolgt von einer Dampfwolke.
Geysire sind ebenso auffällige wie eigentümliche Naturphänomene. Viele Wissenschaftler haben Theorien zur Erklärung der eruptiven Entladungen von Wasser und Wasserdampf entwickelt. Im Jahre 1846 besuchte der bekannte Physiker Robert

Die zwei Becken der heißen Quelle »Blesi«.

Bunsen, Erfinder des Bunsenbrenners, den Großen Geysir. Die von ihm entwickelte Erklärung ist im Prinzip heute immer noch gültig: In einem senkrechten Schacht wird Grundwasser bis über 100 °C hinaus erhitzt. Das Wasser kann wegen des Drucks der darüberstehenden Wassersäule nicht sieden, d. h. Wasserdampf kann nicht entweichen. Der Dampfdruck in der Tiefe wird immer größer, bis der Belastungsdruck im Schlot überwunden wird. Es kommt schließlich zu einer Art explosionsartigem Sieden, und durch eine ruckartige Dampfentwicklung im Schlot wird die Wassersäule hinausgeschleudert. Unmittelbar darauf entlädt sich der freiwerdende Wasserdampf, dessen Volumen infolge der voraufgegangenen Überhitzung unglaublich schnell zunimmt. Nach dem Ausbruch füllt sich das Becken wieder auf.

Pflanzen und Tiere

Das Haukadalur-Gebiet ist in erster Linie wegen seiner geologischen Erscheinungen interessant. Dennoch lohnen sich hier auch botanische Exkursionen. In dem nur 3 km^2 großen Areal sind erheblich mehr als 100 höhere Pflanzenarten festgestellt worden. Es gibt einen kleinen Birkenwald mit dichtem Unterwuchs aus Rotem Straußgras, Waldstorchschnabel (S. 54), Bachnelkenwurz, Steinbeere (S. 33), Rauschbeere (S. 129) und Gewöhnlichem Frauenmantel. In der kurzrasigen Vegetation um die Quellen und Sinterbecken herum stehen Stengelloses Leimkraut (S. 119), Mädesüß, Echtes Labkraut (S. 54), Alpenlichtnelke, Silberwurz, Feldenzian (S. 101), Strandwegerich (S. 123) und Westliche Kuckucksblume (S. 64).
Im Wald und im Birkengebüsch am Laugarfjall leben zahlreiche Rotdrosseln.

Einer der häufigsten Singvögel Islands ist die Rotdrossel.

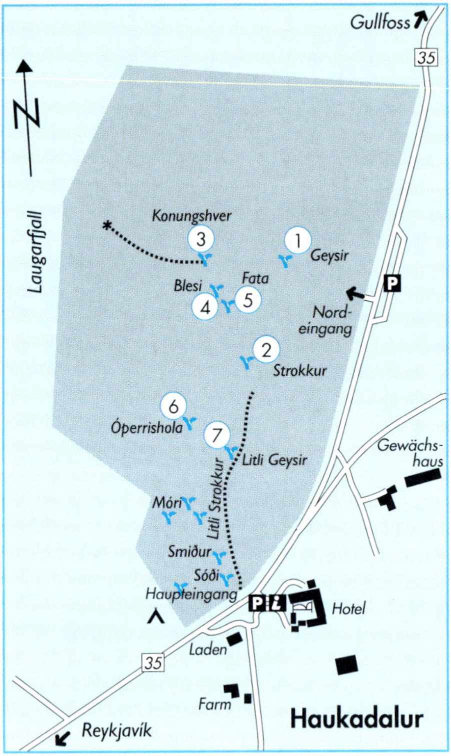

Bachstelzen und Wiesenpieper sind häufig. Aus der Umgebung fliegen regelmäßig Kolkraben ins Gebiet.

Im Gebiet unterwegs

Eine Gesellschaft, die sich Geysir Conservation Committee nennt, kümmert sich um die heißen Quellen von Haukadalur. Sie gibt eine Broschüre heraus, deren Verkaufserlös dem Schutz des Gebietes zugute kommt. Darin werden auch Hinweise zum richtigen Verhalten gegeben. Es ist verboten, Sinter (= kristalline Mineralablagerungen) am Rande der Quellen abzubrechen. Es ist unsinnig, Steine in die Schlote der Geysire zu werfen, sie lösen keine Eruptionen aus. Wie überall in Geothermalgebieten soll man in der Nähe heißer Quellen äußerste Vorsicht walten lassen. Das Wasser ist 80–100 °C heiß; das nächste Krankenhaus ist 90 km entfernt. Man braucht die Temperatur nicht mit der Hand zu prüfen. Man kann sie auf Schildern ablesen!

Neben den beiden bereits beschriebenen Geysiren (① und ②) gibt es im Gebiet von Haukadalur weitere interessante Quellen. **Konungshver** ③, die »heiße Quelle des Königs«, ist ein ehemaliger Geysir, der erst beim Erdbeben von 1896 entstanden, heute aber längst wieder erloschen ist. **Blesi** ④ ist eine Quelle mit einem klaren und einem blauschillernden Quellbecken. In früheren Zeiten zeigte auch sie kleine, 1 m hohe Eruptionen. **Fata** ⑤, auf deutsch »Eimer«, ist eine kleine Quelle mit nur wenige Zentimeter hohen Ausbrüchen. Das Warmwasserbecken **Óþerrishola** ⑥ (»Regenwasserbecken«), zeigt ausschließlich bei niedrigem Luftdruck Geysirtätigkeit. In der Gegenwart ohne Eruptionen präsentiert sich **Litli Strokkur** (»Kleiner Strokkur« = »Kleines Butterfaß«). In früheren Zeiten aktiv war **Litli Geysir** ⑦, der »Kleine Geysir«. Auch er springt seit langer Zeit nicht mehr.

Praktische Tips

Anreise
Von Reykjavík aus fährt man über die Straße 1 bis Selfoss und dann über die in weiten Abschnitten asphaltierte Straße 35 bis direkt zum Geysir. In Reykjavík werden organisierte Touren hierher angeboten. Auskunft erteilt die Touristeninformation (s. S. 144).

Klima/Reisezeit
Das Klima kann man als feucht-kühl-gemäßigt bezeichnen. Es ist jedoch deutlich kälter und etwas weniger niederschlagsreich als an der Küste. Reisezeit ist das ganze Jahr über.

Ausrüstung
Eine besondere Ausrüstung ist zum Besuch des Gebietes nicht nötig. Vielleicht sollte man, falls vorhanden, eine Kamera mit Motorantrieb einsetzen, um die verschiedenen Phasen beim Ausbruch des Strokkurs dokumentieren zu können. Aufnahmen mit unterschiedlich langen Brennweiten erzeugen auf Fotos immer wieder andere Aspekte dieses faszinierenden Naturphänomens. Sie verlangen allerdings auch unterschiedliche Aufnahme-Standpunkte. Beobachten Sie zuerst einige Ausbrüche, bevor sie das Stativ an der für Sie richtigen Stelle aufbauen. Zum Glück ist der Strokkur ja fast zehnmal pro Stunde aktiv. Scheuen Sie sich nicht, auch einmal eine Gegenlichtaufnahme zu versuchen!

Unterkunft/Information
Direkt am Geysir-Gebiet gibt es einen sehr einfach ausgerüsteten Campingplatz. In der Nähe sind weitere Zeltplätze bei Flúðir an der Straße 30 und bei Laugarvatn an der Straße 37. Nur wenige Meter vom Haupteingang zum Feld der heißen Quellen liegt ein Sommerhotel, das Unterkunft in verschiedenen Kategorien und Mahlzeiten von ausgezeichnetem Standard anbietet. Leider ist es nicht ganz billig.

Karten
Generalkarte Island, Blatt 6, Südisland, 1:250 000, Landmælingar Íslands, 1988. Straßenkarte Island 1:500 000, Landmælingar Íslands, 1991.

Blick in die Umgebung

Kaum 10 km vom Geysir entfernt liegt der **Gullfoss** (= Goldwasserfall), Islands schönster Wasserfall. Hier stürzt die vom großen Inlandgletscher Langjökull gespeiste Hvítá in mehreren Fallstufen insgesamt 30 m brausend in die Tiefe. Wolken von winzigen Wassertröpfchen schillern in allen Regenbogenfarben und haben diesem Wasserfall zu seinem Namen verholfen.

Die Silberwurz ist vor allem auf trockenen Heiden in ganz Island häufig.

Vom Gullfoss aus kann man weiterfahren zum Geothermalgebiet **Hveravellir** (s. S. 139). Man erreicht es über die Hochlandroute F 37, den Kjalvegur. Bis Hveravellir kann man die Piste bei gutem Wetter durchaus mit einem »normalen PKW« befahren, wenn man einige Vorsicht walten läßt.

Der Wiesenpieper ist ein Zugvogel und verbringt den Winter in Südwesteuropa.

12 Westmänner-Inseln (Vestmannaeyjar)

Gruppe von 15 Vulkaninseln, 7–13 km vor der Südküste Islands gelegen; die Hauptinsel Heimaey wurde 1973 von einem Vulkanausbruch heimgesucht, bei dem ein Großteil der Siedlung zerstört wurde; 1963–1967 entstand die Vulkaninsel Surtsey; zahlreiche Vogelberge im Bereich der Inseln; bedeutender Brutplatz von Baßtölpel, Schwarzschnabel-Sturmtaucher, Wellenläufer und Sturmschwalbe.

Der östliche Zweig der aktiven Vulkanzone Islands setzt sich nach Süden bis über die Westmänner-Inseln (isl. Vestmannaeyjar) hinaus fort. 15 Inseln und etwa 30 Schären und Klippen ragen steil aus dem Meer empor. Es sind Reste von Vulkanen, hauptsächlich aus der Eiszeit und der Voreiszeit. Doch gerade zu Beginn der zweiten Hälfte dieses Jahrhunderts wurden die Westmänner-Inseln von ihrer vulkanischen Vergangenheit wieder eingeholt. Zuerst erregte die Entstehung der Insel **Surtsey** im äußersten Süden des Archipels Aufsehen in der ganzen Welt. Dieser Ausbruch kam völlig unerwartet. Am 14. November 1963 tauchten erste Explosionswolken über dem Wasser auf. Am folgenden Tag war bereits ein Aschekegel im vorher 130 m tiefen Meer erkennbar. Er war knapp 10 m hoch und fast 500 m lang. Man benannte die neue Insel Surtsey nach dem Feuerriesen Surtur aus der isländischen Mythologie. Am 1. Februar 1964 traten zum ersten Mal Lavamassen aus dem Krater aus. Mitte 1967 erlosch der Vulkan. Eine 2,5 km² große und 169 m

Die 1963 entstandene Insel Surtsey ist die zweitgrößte des Archipels.

hohe Insel war entstanden. Bis Ende der 80er Jahre hatte das Meer bereits wieder 15 % der Inselfläche abgetragen. Dennoch ist Surtsey heute die zweitgrößte Insel des Westmänner-Archipels.
Sie wurde sofort nach ihrer Entstehung unter Naturschutz gestellt. Niemand außer einigen Wissenschaftlern darf die Insel betreten. Sie ist einer der glücklichen Zufälle, die der Biologie in unserer Zeit beschert wurden. Man kann Surtsey als eine Art Freilandlaboratorium der Natur betrachten. Hier können so wichtige biologische Prozesse wie die Besiedlung von Inseln mit Pflanzen und Tieren und die Sukzession (die Aufeinanderfolge von verschiedenen Lebewesen-Gemeinschaften), völlig unbeeinflußt von menschlichen Störungen, studiert werden.
Von den Zonen der vulkanischen Dämpfe her breiteten sich zuerst Algen über alle für sie erreichbaren Flächen aus. Stickstoffbindende Bakterien und Blaualgen leiteten den Prozeß der Bodenbildung ein. Mit dem Wind wurden die Sporen von Moosen auf die Insel verfrachtet, die sich schnell vermehrten. Mit dem Meerwasser, dem Wind und durch Vögel gelangten Pflanzensamen auf die Insel. Die erste höhere Pflanzenart, die sich 1965 auf Surtsey ansiedelte, war der Meersenf. Bis zum Ende der 80er Jahre folgten weitere 24 Ar-

Beim Vulkanausbruch 1973 zerstörtes Wohnhaus auf der Insel Heimaey.

Auf den Grashängen der Insel Ellidaey nisten zahlreiche Papageitaucher.

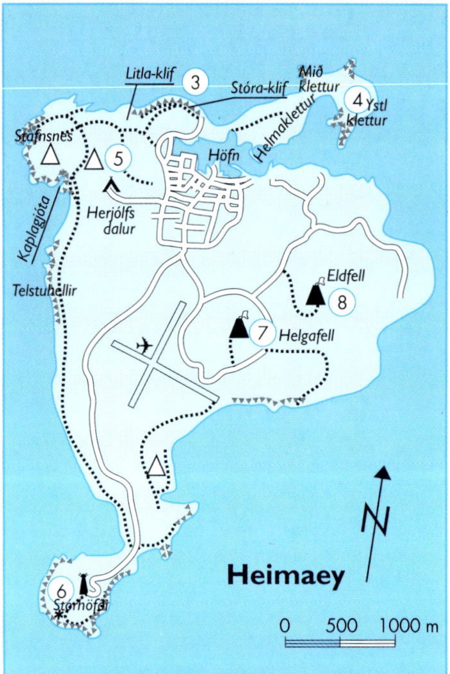

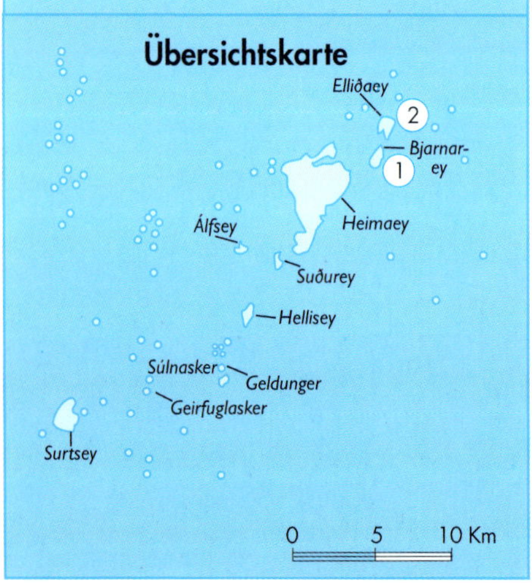

ten. Einige stammen von benachbarten Inseln, andere aus Südisland und wieder andere vom europäischen Festland. Surtsey ist ein beliebter Rastplatz für Zugvögel auf ihrem Weg von und nach Europa. Bereits 5 Vogelarten brüten auf der Insel: Der Eissturmvogel war 1970 der erste Vogel, der hier seine Jungen aufzog. Dann folgten Silber-, Mantel- und Dreizehenmöwe sowie die Gryllteiste. Auch Seehunde und Kegelrobben besuchen Surtsey regelmäßig.

Heimaey ist mit 13,4 km² Fläche die größte aller Inseln und als einzige ständig bewohnt. Es ist anzunehmen, daß sie schon in der Zeit vor der Landnahme von norwegischen Siedlern besiedelt worden ist. Mit rund 5000 Einwohnern leben hier nur 2 % der isländischen Bevölkerung, die jedoch einen Anteil von 15 % der isländischen Fischerei-Exporte produzieren.

Auch Heimaey blieb nicht vom Vulkanismus verschont. In der Nacht vom 22. auf den 23. Januar 1973 öffnete sich nur 250 m von den ersten Häusern eine $1\frac{1}{2}$ km lange Spalte, aus der Lavafontänen in den Himmel schossen. Innerhalb von 4 Stunden gelang es, die gesamte Insel zu evakuieren. Große Teile der Stadt wurden durch Ascheregen zugedeckt. Die Schicht war stellenweise bis zu 5 m dick. Glühende Lavabrocken wurden auf die Siedlung geschleudert. Die Explosionswolke war zeitweise 9000 m hoch. Die Lava floß auf den Hafen von Heimaey zu und drohte, die Einfahrt zu verschließen. Das hätte das Ende der Stadt bedeutet. Es gelang, den Lavastrom durch Einsatz von stündlich 4500 m³ Meerwasser zu stoppen, das man durch ein eilig errichtetes Rohrleitungssystem über einen Monat lang auf die fließende Lava spritzte. Anfang Juli war der Ausbruch beendet. Ein neuer, anfangs 250 m, heute 215 m hoher Vulkan, das **Eldfell**, war entstanden. Die Lava hatte die Inselfläche um etwa 2 km² erweitert, die ausgeworfene Lavamenge wird auf 0,25 km³ geschätzt. Nach und nach kehrten viele Bewohner der Westmänner-Inseln in ihre noch verbliebenen Häuser zurück oder begannen mit dem Aufbau neuer Häuser. Die Restwärme in der Lava wird bis in die heutige Zeit zur Heizung der Wohnungen benutzt, stellt allerdings nur eine Energiequelle auf Zeit dar.

Schwarzschnabel-Sturmtaucher im Fluge.

Eine Silbermöwe verteidigt ihr Revier.

Pflanzen und Tiere

Naturkundliche Hauptattraktion der Inseln sind die Meeresvögel. Doch auch wer an Pflanzen interessiert ist, kommt hier auf seine Kosten. Im Gebiet der kultivierten Wiesen wachsen Weißklee, Herbstlöwenzahn, Echte Engelwurz (S. 62) und Vogelwicke (S. 36). Auf Zwergstrauchheiden sind Schwarze Krähenbeere (S. 95), Krautweide (S. 65), Echtes Labkraut (S. 54), gute Bestände des Gewöhnlichen Teufelsabbiß und der Westlichen Kuckucksblume (S. 64) zu finden. Auf Lavasandstränden sind Strandkamille, Strandwegerich (S. 123), Kleiner Ampfer, Gewöhnliche Grasnelke, Meersenf, Salzmiere und Mertensie häufig.

Die Westmänner-Inseln mit ihren zahllosen Steilfelsen und den überaus reichen Nahrungsgründen in unmittelbarer Nachbarschaft sind ein Anziehungspunkt ersten Ranges für viele Seevogelarten. Bis auf den Krabbentaucher sind im Bereich der Westmänner-Inseln alle nordatlantischen Alkenvögel zu Hause.

Häufig sind Eissturmvogel (S. 84), Papageitaucher und Dreizehenmöwe (S. 44). Eine der größten Trottellummenkolonien Islands befindet sich auf Geldungur. Der Baßtölpel nistet auf Súlnasker, Brandur und Hellisey. Bedeutende Kolonien des Schwarzschnabel-Sturmtauchers liegen auf Álfsey, Suðurey und Bjarnarey. Sturmschwalbe und Wellenläufer nisten u. a. auf Heimaey und Elliðaey. Bis Ende des 18. Jh. war die bis zum Ausbruch von Surtsey südlichste Insel des Archipels, Geirfuglasker, einer der letzten Brutplätze des Riesenalken in Island (s. S. 102).

Im Gebiet unterwegs

Schon auf der $3^1/_4$stündigen Überfahrt mit dem Schaukel-Schiff Herjólfur kann man fast alle wichtigen Seevogelarten beobachten, die im Bereich der Westmänner-Inseln brüten: Eissturmvogel, Schwarzschnabel-Sturmtaucher, Baßtölpel, Kormoran, Trottellumme, Gryllteiste, Papageitaucher, Eider- und Trauerente sowie verschiedene Möwenarten.

Der Meersenf, eine typische Strandpflanze.

Der Baßtölpel brütet auf 3 der Westmänner-Inseln. Er fängt Fische durch Stoßtauchen.

Heimaey ist die einzige der Westmänner-Inseln, die für Touristen frei zugänglich ist. Alle anderen Inseln sind in Privatbesitz. Der Zugang ist nicht gestattet. Man kann allerdings Bootstouren zu einigen Inseln unternehmen. 1991 gab es im Gegensatz zu früheren Jahren nur noch ein Ausflugsboot, die »P. H. Viking«. Abfahrtszeiten sind im Sommerhalbjahr täglich um 11 Uhr und um 16 Uhr im Hafen von Heimaey. Die Tour dauert 1 Stunde. Die Anmeldung erfolgt im Hafen, im Hotel **Bræðraborg** oder telefonisch unter 98/12922. Gewöhnlich fährt dieses hochmoderne kleine Schiff einmal um die Hauptinsel herum und steuert nur die Insel **Bjarnarey** ① an. Bei schlechtem Wetter kann Heimaey nicht umfahren werden, dann geht die Fahrt stattdessen zur Insel **Elliðaey** ②. Der Bootsführer hat auf Anfrage erklärt, daß er bei außergewöhnlich gutem Wetter nach Vereinbarung auch Touren zu weiter entfernten Inseln durchführt, z. B nach **Súlnasker** oder sogar nach **Surtsey**. Man sollte sich aber keinen falschen Hoffnungen hingeben: Spiegelglatte See gibt es nur an wenigen Tagen im Jahr! Solche Touren werden zudem nicht ganz billig sein. Täglich um 8 Uhr startet eine Bustour zur Besichtigung der gesamten Insel Heimaey. Anmelden kann man sich im Hotel Bræðraborg oder telefonisch unter 98/11 515.

Die Gewöhnliche Grasnelke (Blütezeit: Juni).

Auch Heimaey selbst bietet eine Menge attraktiver Exkursionsziele. Am Lavastrand in Hafennähe halten sich häufig Eis- und Mantelmöwen, Meerstrandläufer, Steinwälzer und Rotschenkel auf. In den Lavaströmen leben Schneeammmern und Steinschmätzer, die auch in den Wiesen häufig sind. Dort gibt es zahlreiche Wiesenpieper. An den nördlichen Felswänden von **Stóra-klif** ③ und **Litla-klif** brüten Eissturmvögel, Lummen und Papageitaucher. Auf dem Steilfelsen **Ystiklettur** ④ nebenan befinden sich Brutkolonien von Schwarzschnabel-Sturmtaucher, Wellenläufer und Sturmschwalbe. Sie sind jedoch nachtaktiv und schwer zu beobachten. Eine lohnende Wanderung kann man vom **Herjólfsdalur** ⑤ am Strand entlang zur Südseite der Insel unternehmen. An der Steilküsten von **Teistuhellir** brüten zahlreiche Alken und Dreizehenmöwen. An der Kliffkante von **Stórhöfði** ⑥, dem Berg ganz im Süden von Heimaey, auf dem der Leuchtturm steht, brüten zahlreiche Papageitaucher, die man vom Weg aus gut sehen kann. Die Vulkane **Helgafell** ⑦ und **Eldborg** ˆ kann man gut mit dem Auto, aber auch zu Fuß erreichen. In den Krater des Eldfell kann man hineingehen. Seien Sie vorsichtig am Rand der Vulkane: Die Hänge sind sehr steil, und die Lava ist sehr locker geschichtet und rutscht leicht ab.

Sehenswert ist das Naturkundemuseum von Heimaey. Es gibt eine Ausstellung von Fischpräparaten, Vogelbälgen und -eiern, 12 Aquarien und eine Mineraliensammlung mit über 1000 Einzelstücken. Die

Öffnungszeiten sind vom 1. Mai bis 31. August täglich von 11–17 Uhr, im Winterhalbjahr nur samstags und sonntags von 15–17 Uhr. Adresse: Naturkundliches Museum, Heiðarvegur 12, Tel: 98/11 997.
Es gibt weiterhin ein Heimatmuseum, das vom 1. Juni bis zum 31. August täglich von 13–15 Uhr und samstags von 11–14 Uhr geöffnet ist.

Praktische Tips

Anreise

Die Fluggesellschaft »Icelandair« fliegt vom 1. Oktober bis zum 30. April 2–3mal und vom 1. Mai bis zum 30. September 3–4mal täglich die Route Reykjavík-Heimaey und zurück. Die Autofähre »Herjólfur« verkehrt 1–2mal täglich zwischen Heimaey und der südisländischen Hafenstadt Þorlákshöfn. Zwischen Reykjavík und Þorlákshöfn wird eine Busverbindung aufrechterhalten, die auf die jeweilige Abfahrtszeit der Fähre in Þorlákshöfn abgestimmt ist.

Klima/Reisezeit

Die Westmänner-Inseln liegen in der Zone des feucht-kühlgemäßigten Klimas in Süd- und Südwestisland. Es ist das mildeste Klima des ganzen Landes. Die Jahresdurchschnittstemperatur liegt bei 5,4 °C. Der stark ozeanische Einfluß macht sich bei den Niederschlägen bemerkbar; sie sind mit fast 1500 mm sehr hoch.
Wer die Westmänner-Inseln wegen ihrer

Die Nutzung der Meeresvögel auf den Westmänner-Inseln

Ausgewiesene Schutzgebiete auf Heimaey gibt es nicht. Alle übrigen Inseln sind geschützt, weil sie nicht betreten werden. Nur im Sommer werden 9 Inseln von Vogelfängern aufgesucht, die dort auch Hütten errichtet haben. Seit jeher fangen die Bewohner der Westmänner-Inseln Vögel, um sie zu essen. Im Juli und August dürfen 6 Wochen lang Eier gesammelt und Vögel gejagt werden. Vor allem Papageitaucher (isl. »lundi«), junge Eissturmvögel und Baßtölpel waren immer ein wesentlicher Bestandteil der Nahrung auf den Inseln. Die Federn der Papageitauchers hat man als Füllung in Kissen und Betten verwendet.
Früher hat man die Vögel mit allen möglichen Mitteln gefangen, u. a. mit Netzen, die man über ganze Kolonien gespannt hat. Heute betont man auf den Westmännern sehr, daß die Tiere nur noch »waidgerecht« mit an langen Stangen befestigten Keschern gefangen würden und niemals Papageitaucher mit Fischen im Schnabel (für die Jungen!) erbeutet würden.
Insgesamt ist die Jagd auf Papageitaucher rückläufig. 1856 zum Beispiel wurden noch 330 000 Stück gefangen, derzeit nur noch rund 200 000 pro Jahr. Zwischenzeitlich war die Jagd wegen der von Papageitauchern verbreiteten »Ornithose« (im Volksmund auch als Papageienkrankheit bezeichnet) vorübergehend verboten.
Um an Lummeneier zu gelangen, haben sich die Bewohner der Inseln früher unter Einsatz des Lebens an langen Seilen in die Kolonien hinabgelassen und dabei die Simse abgesammelt. Diese Art der Nutzung wird heute nicht mehr betrieben. Aus dieser Jagdmethode hat sich auf den Westmänner-Inseln das Seilschwingen als eine Art Volkssport entwickelt. Jedes Jahr am 2. August kann es am Steilfelsen von Herjólfsdalur bewundert werden.

Gewöhnlicher Teufelsabbiß (Blütezeit: Juli und August).

aufregenden vulkanischen Erscheinungen besucht, kann eigentlich zu jeder Jahreszeit hierher reisen. Will man aber die typischen Seevögel beobachten, soll man im Frühsommer anreisen. Die Lummen beginnen bereits Mitte Juli, ihre Brutfelsen zu verlassen. Die Papageitaucher fliegen ab Mitte August aufs Meer. Dann sind auch die Dreizehenmöwen flügge.
Eine besondere Attraktion auf Heimaey ist in jedem Jahr im August die »Jagd« der Kinder und Jugendlichen auf junge Papageitaucher. Wenn diese ihre Bruthöhlen verlassen, werden sie nicht selten von den Lichtern der Ortschaft verwirrt und angezogen. Dann flattern sie, statt aufs Meer hinauszufliegen, in den Straßen von Heimaey umher. Kinder sammeln sie in Pappkartons und lassen sie am nächsten Morgen am Strand frei. Nicht allen Papageitauchern ist dieses Glück beschieden, viele werden leider ein Opfer jugendlicher Autoraser und nachts auf den wenigen Straßen der Insel plattgefahren.

Die Mertensie wächst nur auf Sandstränden. Kennzeichen: blaue Blüten und fleischige Blätter.

Ausrüstung
Zur Vogelbeobachtung sollte man das obligatorische Fernglas nicht vergessen. Mit langbrennweitigen Objektiven kann man vom Rande der Papageitaucher-Brutstätten zu guten Fotos kommen. Vielleicht gelingt die eine oder andere Flugaufnahme von Bord der Autofähre oder des Ausflugsschiffes »Viking«. Wenn man am Rande der Klippen entlangwandert, sind Bergschuhe unbedingt zu empfehlen. In der Nähe der Papageitaucher-Kolonien muß man darauf achten, nicht die Decken der Bruthöhlen einzutreten. Auf den Westmänner-Inseln sollte man sich auch bei schönem Wetter ohne Regenzeug nicht weiter als 100 m von einem sicheren Unterstand entfernen. Regenschauer setzen hier so plötzlich und so heftig ein, daß man in Sekundenschnelle völlig durchnäßt ist!

Unterkunft/Information
Auf Heimaey gibt es einen Zeltplatz im Herjólfsdalur, der vom 1.6.–31.8. geöffnet ist. Die Jugendherberge der Insel ist ganz neu. Kochmöglichkeiten und Schlafsackunterkünfte werden angeboten. Es gibt zahlreiche Hotels, die auch etwas preiswertere Schlafsackunterkünfte mit Frühstück anbieten, und eine Menge Gästehäuser. Die Touristeninformation befindet sich im Hotel Bræðraborg.

Karten
Spezialkarte Vestmannaeyjar, 1:50 000, Landmælingar Íslands, 1986.

13 Fjallabak-Naturschutzgebiet

470 km² großes Naturschutzgebiet (isl. »Friðland að Fjallabaki«); berühmt wegen vieler heißer Quellen und Solfataren; grandiose Kulisse mit farbigen Rhyolithbergen; das größte Gebiet mit Rhyolithbergen in ganz Island; über 20 000 Besucher pro Jahr.

Das 1979 eingerichtete Fjallabak-Naturschutzgebiet liegt nördlich des Mýrdalsjökull zwischen 500 m bis knapp über 1000 m Höhe. Die höchste Erhebung ist der Háskerðingur mit 1281 m. Das Gebiet ist sehr gebirgig und in den Tälern von Sandflächen und Lavaströmen bedeckt. Es ist von Flüssen durchschnitten und weist zahlreiche Seen auf. Die Gesteine des Gebietes sind vor etwa 8–10 Mio. Jahren entstanden. Seit kurzem nehmen Geologen an, daß das gesamte Areal von Fjallabak ein gewaltiges Einsturzbecken ist, sozusagen die Caldera (s. S. 16) des Zentralvulkans **Torfajökull**. Dieser Vulkan war während der letzten 2 Mio. Jahre aktiv. Der letzte Ausbruch liegt jedoch schon 300 Jahre zurück. Ende des 16. Jh. wurden hier die den Quellen **Landmannalaugar** direkt benachbarten Lavaströme **Námshraun** und **Laugahraun** gefördert. Auffällig sind die Bergkulissen aus farbenprächtigen **Rhyolithen**, die grün, gelb, gelbrot und rotbraun in der Sonne leuchten. Rhyolithe sind helle, kieselsäurereiche Ergußgesteine mit Quarz- und Feldspateinlagerungen. Junge Lavaflächen, heiße Quellen und Solfataren sind Zeichen abklingender vulkanischer Aktivität. Direkt neben dem Zelt-

Flußtal und Rhyolithberge in der Nähe der Landmannalaugar.

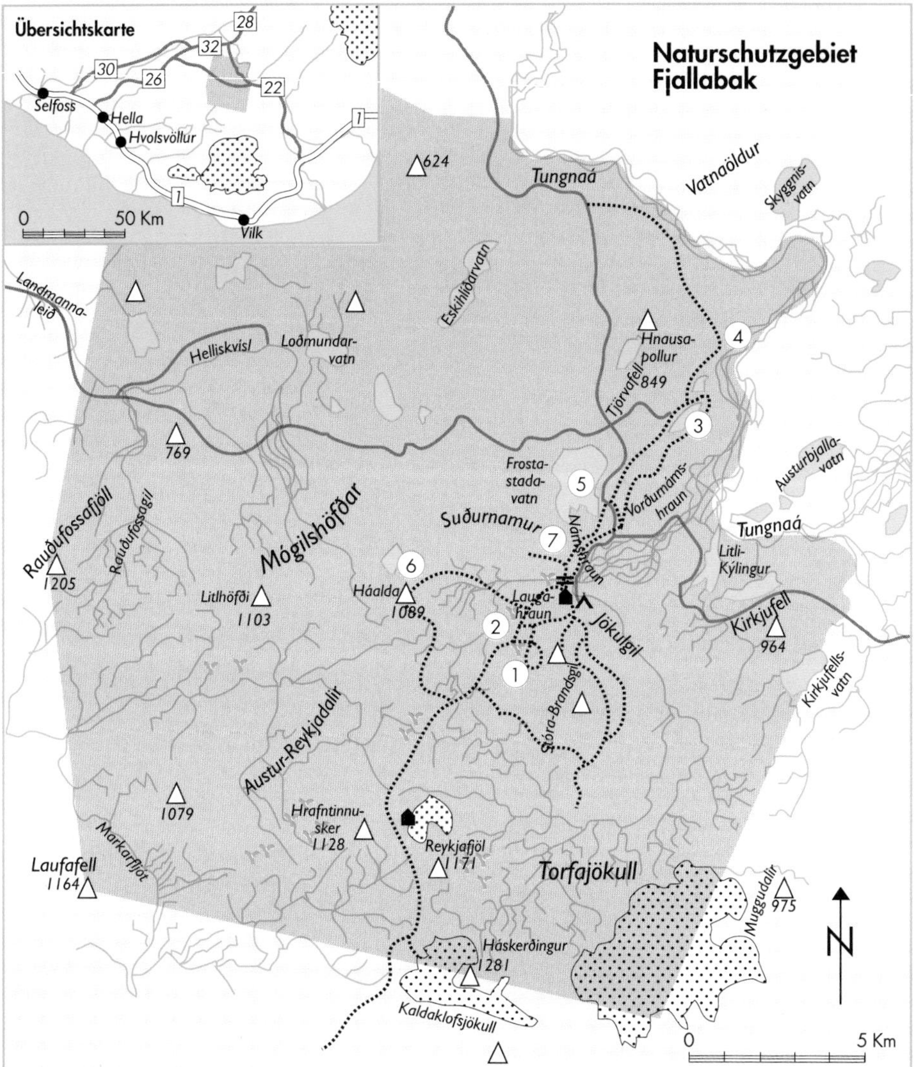

platz befindet sich die touristische Hauptattraktion des Gebietes, die **Landmannalaugar** (»die heißen Quellen der Leute vom Land«). Sie sind bereits seit der Zeit der Landnahme ein beliebtes Ausflugsziel der Isländer gewesen und regelmäßig von den Reiterkarawanen besucht worden, die in früheren Zeiten das unwirtliche Hochland durchquert haben.

Pflanzen und Tiere

Die niedrigen Temperaturen im hochgelegenen Zentralisland lassen im Gebiet lediglich eine zwei- bis dreimonatige Vegetationsperiode zu. Die Bodenverhältnisse sind ungünstig, Sandstürme sind häufig. Die sauren Rhyolithhänge sind fast vegetationslos. So ist es kein Wunder, daß nur

rund 150 höhere Pflanzenarten vorkommen. Vergleichsweise häufig sind in den höhergelegenen Partien Polsterpflanzen wie das Stengellose Leimkraut und sogenannte »lebendgebärende« Arten wie der Knöllchenknöterich (S. 93), das Alpenrispengras und der Vivipare Schwingel. Zusammenhängende Pflanzenbestände findet man am ehesten am Rande von Seen, Flüssen und Moorgebieten. Hier wachsen Sumpfblutauge (S. 50), Schmalblättriges und Scheuchzers Wollgras sowie verschiedene Seggenarten. Viele basaltische Berghänge sind grün gefärbt von Moosen. Auffällig sind die intensiv hellgrünen Moospolster der Gattung *Philonotis* im Bereich kalter Quellen.
Noch spärlicher als die Vegetation ist die Tierwelt. Die einzige Fischart ist die Forelle. Sie wandert den großen Fluß Tungnaá hinauf bis zu den Kýlingur-Seen und in den See Kirkjufellsvatn. Im Frostastaðavatn und dem Vulkankrater Ljótipollur haben immer Forellen gelebt. Seit Anfang der 70er Jahre sind sie auch in anderen Gewässern des Gebietes ausgesetzt worden. Vögel sind ebenfalls nicht gerade zahlreich. Der Goldregenpfeifer (S. 27) ist auf den Zwergstrauchheiden, das Odinshühnchen (S. 40) in den moorigen und sumpfigen Bereichen vertreten. Am häufigsten ist die Schneeammer (S. 60). Sie bewohnt auch trockenere Berghänge. Der Eistaucher (S. 96) ist Brutvogel auf dem Frostastaðavatn, die Kragenente (S. 119) am Jökulgilskvísl. Singschwäne (S. 37) sind regelmäßig an den größeren Seen anzutreffen. Im Spätsommer suchen regelmäßig Trupps von Kurzschnabelgänsen das Schutzgebiet auf.

Naturschutz

Die einzigartige Landschaft rund um die Landmannalaugar rechtfertigt die Einrichtung des Naturschutzgebietes zur Bewahrung der Pflanzen, Tiere und der geologischen Formationen vor der Zerstörung durch menschliche Einflüsse. Dennoch ist innerhalb des Reservates als Folge jahrhundertealter Traditionen die Schafwirtschaft weiter erlaubt. Das Ergebnis ist eine erhebliche Verarmung der Pflanzenwelt durch Verbiß.
Wie überall in Naturschutzgebieten dürfen Autos nur auf den Pisten fahren. Auch Wanderer sollten sich an Wegmarkierungen halten, sofern welche vorhanden sind. Die neuerdings installierten Absperrungen im Bereich der Campingplätze sollten unbedingt respektiert werden. Zelten außerhalb der ausgewiesenen Plätze ist nur nach Absprache mit den Naturschutzwarten ausnahmsweise möglich. Offene Feuer sind nicht gestattet. Geschirr sollte auf keinen Fall in Flüssen oder Bächen abgewaschen werden. Müll muß wieder aus der Landschaft herausgetragen werden.
Als 1952 die Hütte bei den Landmannalaugar errichtet wurde, kamen nur wenige Touristen ins Gebiet. Heute besuchen es 20000 Leute jährlich. Viele von ihnen steigen in den von warmen Quellen geheizten Bach bei der Hütte. Damit das Areal in seiner unmittelbaren Umgebung vor der totalen Zerstörung bewahrt bleibt, sind einige Auflagen gemacht worden: Man darf keinen Schlamm vom Ufer entfernen. Glasgegenstände (z. B. Schnapsflaschen) dürfen nicht mit ins Becken genommen werden. Zum Schutze der Vegetation sind Holzroste ausgelegt worden, die man auch benutzen soll.

Im Gebiet unterwegs

Um einen Überblick zu erhalten, empfiehlt sich die Besteigung des 951 m hohen **Bláhnúkur** ①, eines ehemaligen Vulkans. Er liegt direkt südlich der Touristenhütte. Der Ausblick ist bei schönem Wetter überwältigend. Lohnend ist auch der Besuch des Solfatarenfeldes der **Brennisteinsalda** ②. Von der Straße F 22 führt eine Piste, die

Scheuchzers Wollgras mir nur einem Fruchtstand am runden Stengel.

später in einen Wanderweg übergeht, zum **Ljótipollur** ③, einem kleinen Kratersee. Vom Kraterrand hat man einen wunderschönen Ausblick über das Tal der Tungnaá und kann eindrucksvolle Landschaftsaufnahmen machen. Steigt man ins Tal hinab, kann man verschiedene Vogel-

Das Schmalblättrige Wollgras hat dreieckige Stengel.

arten in der von zahlreichen Wasseradern durchzogenen Landschaft des **Blautaver** ④ beobachten, u. a. Singschwäne und Enten. Hier einige Wandervorschläge mit Angabe der benötigten Zeit im Überblick:

zum Gipfel des Bláhnjúkur	1–2 Stunden
zur Brennisteinsalda	1–2 Stunden
rund ums Frostastaðavatn ⑤	2–3 Stunden
zur Háalda ⑥ (1089 m)	4–6 Stunden
zum Lavastrom Suðurnámur ⑦	1 Stunde

Wie auf jeder Wanderung in unbewohntes Gebiet sollte man auch hier eine gute Karte mit sich führen.

Praktische Tips

Anreise

In früheren Jahren führte der alte Reitweg »Landmannaleið« von Westen her ins Gebiet. Er zweigt von der Straße 26 beim Kraftwerk Búrfell ab und ist mit Allradfahrzeugen gut zu befahren. Die meisten Besucher kommen heute allerdings von Norden über die F 22 vom Kraftwerk Sigalda her. Nördlich des Frostastaðavatns treffen sich die beiden Routen. Von Süden her führt ebenfalls die F 22, vorbei an der Eldgjá, ins Gebiet. Zwischen den Ortschaften

Stengelloses Leimkraut (Blütezeit: Mai/Juni).

Vík und Kirkubæjarklaustur an der Straße 1 zweigt nach Norden die 208 ab, die nach wenigen Kilometern in die F 22 übergeht. Die Strecke zwischen Eldgjá und Landmannalaugar ist wegen zahlreicher kleiner Furten nur mit allradgetriebenen Fahrzeugen zu bewältigen, vor allem im Frühsommer.

Klima/Reisezeit

Das Klima dieses Gebietes im Zentrum Islands kann als ziemlich kontinental bezeichnet werden. Die mittlere Jahrestemperatur liegt zwischen 0 °C und 1 °C. Auch im Sommer muß mit plötzlichen Kälteeinbrüchen und Schneestürmen gerechnet werden. In der Regel sind die Hochlandrouten ins Gebiet nur für zwei Sommermonate geöffnet. Je später man kommt, desto günstiger werden die Straßenverhältnisse.

Ausrüstung

Wenn man im Gebiet campen will, sollte man ein regendichtes und windbeständiges Zelt und einen warmen Schlafsack mitbringen. Lebensmittel und Benzin sind im Naturschutzgebiet nicht zu kaufen. Die auf älteren Karten manchmal eingezeichnete Tankstelle an den Landmannalaugar existiert nicht (mehr). Für Wanderungen auf dem brüchigen Gestein benötigt man solides Schuhwerk. Da es – auch im Sommer – auf den Berggipfeln im Naturschutzgebiet sehr kalt werden kann, empfiehlt es sich, warme Kleidung mitzuführen. Auf einen Wetterumschwung muß man immer gefaßt sein, Regenzeug sollte im Gepäck nie fehlen. Geben Sie den Naturschutzwarten Bescheid, wenn Sie eine längere Wanderung unternehmen wollen und erkundigen Sie sich bei ihnen nach den Wetteraussichten. Achten Sie in der Umgebung heißer Quellen darauf, daß Sie nicht einbrechen.

Steinschmätzerweibchen. Der Steinschmätzer ist in ganz Island verbreitet.

Kragenenten brüten an Gebirgsbächen.

Tundrapflanzen

Island liegt am Rande der Zone mit subpolarer Tundrenvegetation. Die Klimabedingungen in diesem Lebensraum sind extrem. Die Vegetationsperiode ist kurz, sie dauert nur 2–4 Monate. Lediglich gut angepaßte Arten können einen solchen Lebensraum besiedeln. Die wurzellosen Flechten sind typische Pionierpflanzen und wegen ihrer hohen Trockenresistenz klar im Vorteil. Sie können überaus viele Substrate besiedeln und Wasser direkt über die gesamte Oberfläche aufnehmen. Nach den langen Wintermonaten beginnen Flechten früher zu wachsen als andere Pflanzen. Sie werden zudem sehr alt. Auf Grönland leben Flechten, deren Alter auf mehr als 4000 Jahre geschätzt wird. Allerdings wachsen sie äußerst langsam und können bei großflächigen Zerstörungen erst nach langer Zeit wieder eine geschlossene Vegetationsdecke bilden.

Auch die Blütenpflanzen haben sich perfekt an die unwirtlichen klimatischen Bedingungen angepaßt: Sie schmiegen sich eng an den Boden, wachsen in dichten Polstern oder Rosetten und sind deshalb gegen trockenen und kalten Wind gut geschützt. Innerhalb solcher Pflanzenbestände stellt sich ein sehr günstiges Kleinklima ein. Eine typische Polsterpflanze ist das Stengellose Leimkraut (S. 119). Gegen Feuchtigkeitsverluste haben viele Arten – ähnlich den Wüstenpflanzen – reduzierte Blattflächen, dicke Blatthäute und flaumig behaarte Stengel und Blätter entwickelt, die gleichzeitig die wenige Wärme gut speichern können.

Die meisten Blütenpflanzen sind mehrjährige Stauden, die das Leben – im Gegensatz zu den einjährigen Arten – nicht in jedem Frühjahr wieder von Grund auf neu beginnen müssen.

Die Silberwurz (S. 107) wird oft nur 8–10 cm hoch, kann aber 100 Jahre alt werden! Einige Pflanzen sind sogar »lebendgebärend«. Sie treiben zwar Blüten, aus denen sich auch Früchte entwickeln können; das freilich wird durch die klimatischen Bedingungen oft verhindert, so daß sie zusätzlich **Brutknöllchen** bilden, aus denen schon an der Mutterpflanze winzige Tochterpflanzen entstehen, die dort vorkeimen, dann abfallen und sofort weiterwachsen können. Diese »**Pseudoviviparie**« als Form der ungeschlechtlichen Fortpflanzung finden wir z. B. beim Knöllchenknöterich (S. 93), der auch als »Lebendgebärender Knöterich« bezeichnet wird, bei einigen Steinbrecharten und bei vielen Gräsern.

Große Bedeutung für die Zusammensetzung der Vegetation in der Tundra hat die Höhe des winterlichen Schnees. Sobald die Schneedecke ausreichend dick ist, um die Pflanzen vor Winterkälte und Austrocknung zu schützen, schadet weiterer Schnee, weil er die Vegetationsperiode verkürzt. Wo Schneefelder erst im Juli wegschmelzen, läßt die kurze Wachstumszeit nur wenige höhere Pflanzen wie etwa die Krautweide (S. 65) bestehen. Bleibt der Schnee noch länger liegen, fehlen auch sie, und es wachsen nur noch Moose und Flechten.

Das andere Extrem stellen Windblößen dar. Bergrücken und -kämme werden durch Stürme häufig von Schnee freigeblasen, und die Pflanzen sind völlig ungeschützt der Winterkälte ausgesetzt. Im Frühjahr stecken dann ihre Wurzeln noch starr im Bodenfrost, während die oberirdischen Pflanzenteile von der Sonne bereits stark erwärmt werden.

Unterkunft/Information
Bei den Landmannalaugar befindet sich eine Touristenhütte des Touring Clubs Island (isl. »Ferðafélag Íslands«), die 115 Personen Unterkunft bietet. Reisegruppen des Clubs haben bei der Belegung Vorrang, sonst gilt: Wer zuerst kommt, erhält zuerst einen Platz. Schlafsäcke und Verpflegung müssen mitgebracht werden. Eine weitere Hütte des Clubs mit Platz für 18 Personen befindet sich am Fuße des Berges Hrafntinnusker. Sie ist verschlossen. Der Schlüssel kann beim Hüttenwart in Landmannalaugar oder im Büro des Touring Clubs in Reykjavík abgeholt werden. Direkt neben der großen Touristenhütte gibt es einen Zeltplatz mit etlichen Abteilungen auf ziemlich feuchtem Untergrund. Wer es gern etwas trockener hat, kann sein Zelt auch dort aufbauen, wo der Weg von der F 22 hierher abzweigt. Der Zeltplatz ist geöffnet vom 1.7. bis zum 31.8. jedes Jahres. Bevor man sein Zelt aufbaut, soll man Kontakt zum Naturschutzwart herstellen. Informationen kann man in der Touristenhütte einholen und in einem Stand an der Abzweigung des Weges zu den Landmannalaugar von der F 22.

Karten
Spezialkarte Þórsmörk/Landmannalaugar, 1:100000, Landmælingar Íslands, 1989.
Generalkarte Island, Blatt 6, Südisland, 1:250000, Landmælingar Íslands.
Eine Karte des Schutzgebietes, nach der man gut wandern kann, befindet sich in dem vom Naturschutzrat herausgegeben Faltblättchen »Naturschutzgebiet Fjallabak«. Es kann bei der Touristeninformation in der Touristenhütte erworben werden. Zeltplatzbenutzer erhalten es umsonst bei Begleichen der Rechnung.

Blick in die Umgebung

Nach Norden hinaus führt die Hochlandroute F 22, die im weiteren Verlauf in die »Sprengisandsleið« genannte F 28 übergeht. Von dieser Straße aus hat man einen ausgezeichneten Blick auf den Hofsjökull und das Naturschutzgebiet Þjórsárver an dessen Fuß. Hier befindet sich die berühmteste Kurzschnabelganskolonie Islands. Vorher zweigt am Südwestufer des Þórisvatn, des zweitgrößten isländischen Binnensees, eine nur für Allradfahrzeuge geeignete Piste nach Osten zu den seenreichen **Veiðivötn** ab. Nach Süden führt die F 22 zur Eldgjá mit dem »Brückenwasserfall« **Ófærufoss** (s. S. 140).

Arktische Grauweide mit Früchten. Die Blätter sind stark behaart.

Das Alpenrispengras vermehrt sich durch Brutknollen.

14 Kap Dyrhólaey und Umgebung

Südspitze Islands; der Name stammt von dem mit einem großen Brandungstor versehenen 110 m hohen Felsvorsprung »Dyrhólaey« (= »Türhügelinsel«), den Resten einer ehemaligen Vulkaninsel; von hier hervorragende Aussicht auf das Küstenland und den Gletscher Mýrdalsjökull; reiche Vogelwelt mit kleinen Vogelbergen an der Küste und auf Felsen im Meer.

Südlich der Gletscher Eyjafjallajökull und Mýrdalsjökull erstreckt sich ein 3–5 km breiter Küstensaum. Das Gelände ist flach, zum Teil handelt es sich um Sanderflächen mit schwarzer Vulkanasche und eingestreuten Basaltblöcken. Weil das Gebiet klimatisch begünstigt ist, sind Weidewirtschaft und sogar Ackerbau möglich. Aus der Ebene ragen die einstmaligen Vulkaninseln **Pétursey** und **Dyrhólaey** heraus, die heute durch vordringende Sanderflächen »verlandet« und mit der Hauptinsel verbunden sind.

Pflanzen und Tiere

Auf dem ausgedehnten Sandstrand wachsen Meersenf (S. 111), Salzmiere, Strandwegerich, Mertensie (S. 114), Einblütiges Leimkraut, Gänsefingerkraut und Strand-

Kap Dyrhólaey, der südlichste Punkt des isländischen »Festlandes«.

roggen (S. 19). An Stellen mit eher felsigem Untergrund dominiert die Gewöhnliche Grasnelke (S. 112). Die strandnahen Magerrasen sind bestanden mit Knöllchenknöterich (S. 93), Gewöhnlichem Teufelsabbiß (S. 114), Frühblühendem Thymian, Kleinem Klappertopf und Krautweide (S. 65). Hier wachsen prächtige Exemplare der Mondraute. Am Rande der kultivierten Wiesen im Hinterland sind Echte Engelwurz (S. 62), Waldengelwurz (S. 90), Herbstlöwenzahn, Hausampfer (S. 32) und Großer Ampfer häufig.
An den Klippen und vorgelagerten Steilfelsen bei Kap Dyrhólaey befinden sich Vogelberge mit Eissturmvögeln (S. 84), Alken und Dreizehenmöwen (S. 44). Auf kleinen Felsnadeln hat in der Vergangenheit sogar der Baßtölpel gebrütet. Berühmt sind die großen Küstenseeschwalbenkolonien bei der Stadt Vík und im Naturschutzgebiet »Dyrhólaey«. Auf dem Plateau des Reynisfjall brüten Silber- und Mantelmöwen (S. 87). In den Wiesen sind Regenbrachvogel (S. 39), Goldregenpfeifer (S. 27), Uferschnepfe (S. 75) und Rotschenkel (S. 75) sehr zahlreich vertreten. Auf den Tümpeln im Weideland schwimmen Odinshühnchen (S. 40). Im Spätsommer ist die Lagune Dyrhólaós Rastgebiet für viele durchziehende Limikolenarten wie Alpenstrandläufer (S. 63), Rotschenkel und Sandregenpfeifer und für viele Möwen, die sich zur Nahrungssuche einfinden, darunter Herings- und Mantelmöwe.

Im Gebiet unterwegs

Fährt man auf der Straße 1 von Osten her ins Gebiet, kann man bereits in unmittelbarer Umgebung der Ortschaft **Vík** und im Ort selbst reiches Vogelleben beobachten. Am Steilfelsen beim Gehöft **Höfðabrekka** ① gibt es eine stattliche Eissturmvogelkolonie. Man kann hier wie in den Steilfelsen von Vík weiter westlich die Tiere aus ziemlicher Nähe erleben, sollte sich aber

Strandwegerich (Blütezeit: Juni bis August).

Papageitaucherkolonie bei Kap Dyrhólaey.

Das Einblütiges Leimkraut wächst auf Sand.

hüten, zu nahe an junge Eissturmvögel heranzugehen. Sie können einen öligen Magensaft ausspeien, der grauenerregend stinkt und nach Aussagen von Betroffenen auch durch häufiges Waschen nicht aus der Kleidung zu entfernen ist. Besucht man die Gegend im Spätsommer, findet man auf vielen Wegen und auch auf der asphaltierten Ringstraße nahe den Brutkolonien junge Eissturmvögel, die beim ersten Abflug vom Nest das Meer nicht erreicht haben und »notgelandet« sind. Sie verbrauchen jetzt nach und nach das angefütterte Körperfett und warten darauf, daß sie leichter werden, um sich irgendwann doch noch in die Luft erheben zu können. Eine langsame Fahrweise im Gebiet ist daher grundsätzlich angebracht.

Auf den Fahrbahnen der Stadt Vík lassen sich häufig junge Küstenseeschwalben nieder. Auf sie macht sogar ein Hinweisschild neben der Straße aufmerksam. Südlich der Straße 1 brüten direkt in und bei der Ortschaft mehrere tausend Exemplare dieser Vogelart ②. In der Felswand direkt nördlich des Zeltplatzes von Vík brüten Rotdrosseln in großer Zahl. Bis spät in den August ziehen sie hier ihre Jungen hoch. Sie brüten 3–4mal im Jahr. Oft sterben die Jungen der letzten Brut im Nest.

Von der Stadt aus kann man Exkursionen zu den der Küste vorgelagerten 3 markanten Felsen **Reynisdrangar** durchführen. Dabei geht man an der Ostflanke des Bergmassivs **Reynisfjall** ③ entlang. Der gesamte Hang ist übersät mit Bruthöhlen der Papageitaucher, die sie hier zu Tausenden in die Erde gegraben haben. Betrachten Sie die Vögel vom Rande der Brutplätze! Gehen Sie nicht in die Kolonien! Sie stören die Tiere beim Anflug auf ihre Nester. Vor allem aber könnten Sie sehr schnell durch

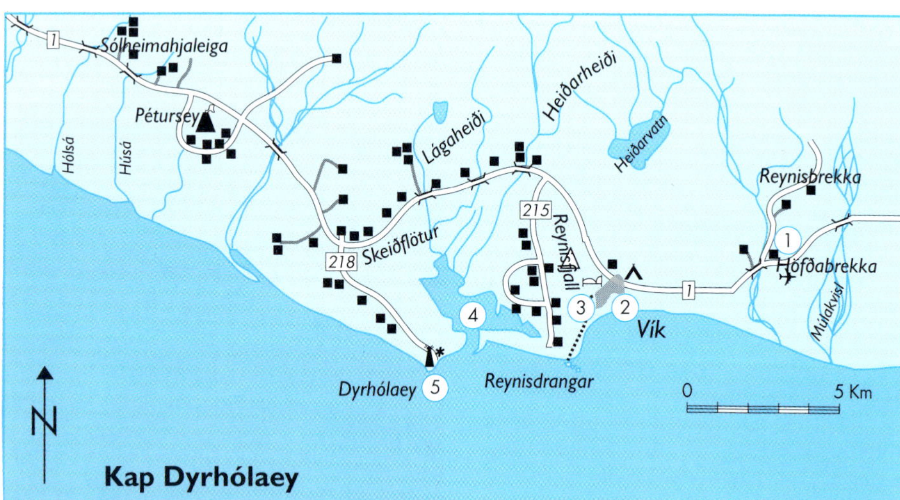

die Decke einer Bruthöhle treten und die Jungen gefährden. Zudem kann man dabei leicht umknicken und sich böse Verletzungen zuziehen.
Fährt man auf der Straße 1 von Vík aus in Richtung Westen, umrundet man auf einem steilen Anstieg den Felsen Reynisfjall und kann dann nach links auf die Piste 215 einbiegen. Bis zum Gehöft Garðar kann man fahren, von dort aus zum Meer laufen. Ein lohnendes Ziel ist die Lagune **Dyrhólaós** ④. Hier halten sich zahlreiche Möwen zur Nahrungssuche auf. Im Spätsommer ist sie von großen Limikolenschwärmen bevölkert.
Weiter westlich zweigt bei Skeiðflötur die Piste 218 von der Straße 1 ab zum **Kap Dyrhólaey** ⑤. Sie führt zuerst durch Wiesengelände westlich des Reynisfjalls. Mit etwas Glück kann man hier die faszinierende Jagd des Merlins auf Wiesenpieper beobachten. Kurz vor Erreichen einer Abzweigung zum Leuchtturm führt die Straße durch ein 1978 deklariertes, nur 5 km^2 großes Naturschutzgebiet. Sie ist im Mai und Juni völlig gesperrt. Rechts und links der Piste brüten Tausende von Küstenseeschwalben. Auch nach der Brutsaison sollte man hier äußerst vorsichtig fahren, da sich zahlreiche Jungtiere gern auf der Fahrbahn aufhalten. Die Straße endet am Meer. Hier sind die Steilabbrüche der Klippen ebenso wie die vorgelagerten kleinen Inseln mit Eissturmvögeln, Papageitauchern, Trottellummen und Dreizehenmöwen dicht besetzt. Man kann ganz hervorragend beobachten, wie Skuas und Schmarotzerraubmöwen den heimkehrenden Vogelfelsenbewohnern die Beute abjagen. Genauso beeindruckend ist es, wenn Skuas sich über die Küstenseeschwalbenkolonie verirren und von Hunderten dieser eleganten Flieger gleichzeitig attackiert werden. Nach der Brutsaison ist es gestattet, zum Leuchtturm zu fahren. Von dort kann man Fotos vom Felsen Dyrhólaey machen. Auf den Wiesen rechts und links des steilen Anfahrtsweges halten sich regelmäßig Goldregenpfeifer und Regenbrachvögel auf.

Der Sandregenpfeifer ist in Island verbreitet. Er brütet meist in Küstennähe.

Zwischen der Straße zum Kap und der Lagune gibt es vom Wind eigentümlich geformte Tuff-Formationen. Auf der schwarzen Lavaasche zwischen den kleinen Tuff-Hügeln wachsen zahlreiche typische Strandpflanzen, u. a. Mertensie, Salzmiere, Einblütiges Leimkraut und Kleiner Ampfer.

Praktische Tips

Anreise
Die Anreise erfolgt über die Straße 1 mit dem eigenen Auto, Fahrrad oder mit dem Linienbus.

In Südisland ist der Austernfischer häufig.

Eine Küstenseeschwalbe hat ihrem Küken einen kleinen Fisch zugetragen.

Klima/Reisezeit

Das Klima im Bereich dieses Abschnitts der Südküste ist als ozeanisch-gemäßigt zu bezeichnen. Die Jahresdurchschnittstemperatur liegt bei 5,7 °C. Die wärmsten Monate sind Juli und August, der kälteste ist der Januar. Dennoch muß selbst im Sommer mit Frostnächten gerechnet werden. Es regnet an durchschnittlich 245 Tagen im Jahr; dabei fallen 2256 mm Niederschlag. Die beste Jahreszeit für den naturkundlich interessierten Reisenden ist der Frühsommer. Wenn man noch Alkenvögel (Lummen, Papageitaucher und Gryllteisten) an ihren Brutplätzen im Gebiet antreffen will, muß man spätestens bis Ende Juli dagewesen sein. Bis dann hat ein Großteil dieser Vögel die Kolonien schon verlassen. Die Raubmöwen ziehen wie sie aus dem Gebiet fort, da sie ihnen jetzt keine Beute mehr abjagen können. Dagegen kann man später im Jahr an der Lagune viele rastende Limikolen beobachten.

Die Mondraute – eine auffällige Farnpflanze.

Unterkunft/Information

In Vík gibt es einen wunderschönen, terrassenförmig angelegten Campingplatz am Fuße einer Steilwand mit brütenden Eissturmvögeln. Gegenüber liegt eine große Küstenseeschwalbenkolonie auf der anderen Seite der Hauptstraße. Dem Zeltplatz angeschlossen sind fünf großzügig eingerichtete Doppelhütten, die hier als »Sommerhäuser« bezeichnet werden. In der Stadt gibt es ein Hotel und in zwei Häusern Schlafsackunterkünfte. Zwei Farmen bieten die Möglichkeit, Ferien auf dem Bauernhof zu machen. In Reynisbrekkar (östlich von Vík) gibt es eine Jugendherberge. Die Touristeninformation befindet sich wie in vielen isländischen Orten »auf dem Land« in der Tankstelle, direkt an der Straße 1. Wie es in diesen »Informationszentren« leider oft üblich ist, kann man nicht unbedingt eine qualifizierte Beratung erwarten, ja nicht einmal brauchbare Informationsblätter bekommen.

Karten

Generalkarte Island, Blatt 6, Südisland, 1:250 000, Landmælingar Íslands, 1988.

Blick in die Umgebung

Gut 100 km weiter östlich liegt der Skaftafell-Nationalpark (s. S. 127). Vom etwa 150 km westlich gelegenen Þorlákshöfn aus kann man mit der Fähre auf die Vestmannaeyjar fahren (s. S. 108). Über die Straße 208, die etwa 55 km östlich von Vík nach Norden abzweigt und die Hochlandroute F 22 geht es zur Eldgjá und weiter zum Fjallabak-Naturschutzgebiet.

15 Skaftafell-Nationalpark

1 600 km² großer Nationalpark, davon sind über 80 % vom Eis des Vatnajökull bedeckt; der Nationalpark hat stark alpinen Charakter; infolge klimatischer Begünstigung nennenswerte Waldbestände; artenreiche Vegetation; westliche Verbreitungsgrenze für typische Pflanzenarten Ostislands.

Der Nationalpark Skaftafell wurde am 15. 9. 1967 mit Unterstützung des World Wild Fund of Nature (WWF) gegründet und am 27. 6. 1984 von 500 km² auf 1600 km² erweitert. Nicht weit entfernt von der nördlichen Parkgrenze befindet sich unter dem Eis des Vatnajökull mit den **Grímsvötn** das größte Geothermalgebiet der Erde. Das Skaftafell-Gebiet ist gekennzeichnet von erheblichen Reliefunterschieden: Nahe der südöstlichen Parkgrenze überragt der **Öræfajökull** die küstennahen Sanderflächen um über 2000 m. Der Park ist daher tief zerschnitten, verursacht von der Abtragung durch Eis und Wasser, und erinnert stark an Hochgebirgsregionen der Alpen.
Drei Talgletscher, Eisabflüsse des mächtigen Vatnajökull, befinden sich ganz oder teilweise innerhalb des Nationalparkgebietes: **Skeiðarárjökull**, **Morsárjökull** und **Skaftafellsjökull**. Mit einer Fläche von etwa 1600 km² ist der Skeiðarárjökull größer als jeder Gletscher auf dem europäischen Festland. Die Sanderfläche vor diesem

Blick vom Rande der Skaftafellsheiði nach Osten auf den Skaftafellsjökull.

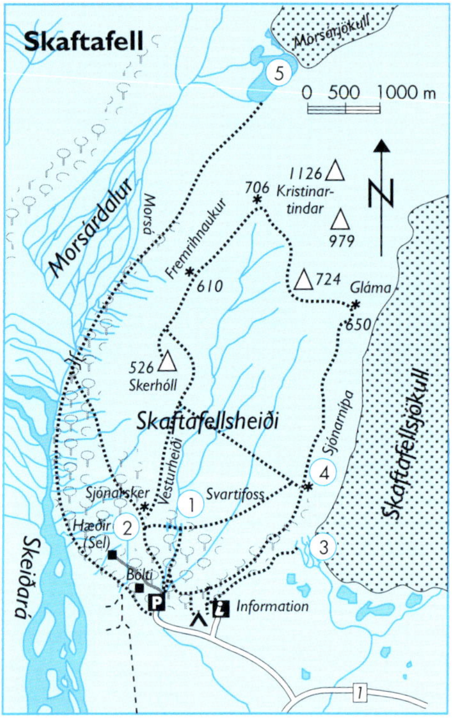

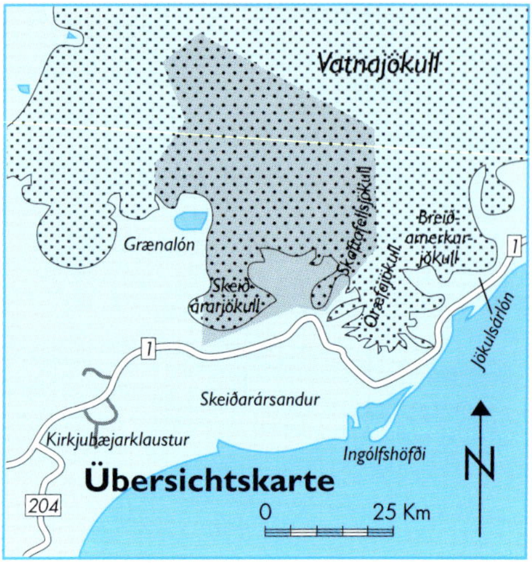

Gletscher bedeckt über 1000 km². Die beiden Gletscherzungen des Skaftafells- und des Svínafellsjökull waren noch bis 1940 vereinigt, heute sind sie getrennt, weil sich die Gletscher wegen der allgemeinen Erwärmung zurückgezogen haben.

Die Abflüsse der drei Gletscher heißen **Skeiðará**, **Morsá** und **Skaftafellsá**. Die Skeiðará ist einer der wasserreichsten Flüsse Islands. Sie führt im Sommer durchschnittlich 2000 m³ Schmelzwasser pro Sekunde. Kommt es jedoch zu einem der berüchtigten Gletscherläufe (s. S. 16), die ihren Ausgang bei den Grímsvötn nehmen, kann die Wasserführung bis auf 7500 m³ pro Sekunde ansteigen. In früheren Jahren waren solche Gletscherläufe seltener, aber verheerender. Dann betrug die abgeführte Wassermenge bis zu 40 000 m³ pro Sekunde. Das entspricht einem Fünftel der Wasserführung, die der Amazonas an der Mündung hat, – und das bei einem Fluß von nur einigen Kilometern Länge! Lange Zeit war die Skeiðará im Sommer unpassierbar. Erst seit dem Bau einer fast 1000 m langen Brücke, die 1974 aus Anlaß der 1100-Jahr-Feier der Besiedlung Islands eröffnet wurde, kann man die Insel auf dem Landweg umfahren.

Pflanzen und Tiere

Der Nationalpark zeichnet sich durch eine große Pflanzenvielfalt aus. Von den rund 450 Pflanzenarten Islands kommen 210 hier vor. Einige für Ostisland typische Arten haben im Gebiet von Skaftafell ihre westliche Verbreitungsgrenze, z. B. die Rundblättrige Glockenblume (S. 33) und der Fetthennensteinbrech. Zwei in ganz Island sehr seltene und streng geschützte Arten wachsen hier: das Große Zweiblatt, eine Orchidee, und der Braune Streifenfarn.

Bis in eine Höhe von etwa 260 m bedeckt **Birkenwald** die Berghänge. Die Bäume werden 6–7 m, in Ausnahmefällen bis 12 m hoch. Der Boden ist von einer artenreichen Krautschicht bedeckt. Vor allem bilden

Waldstorchschnabel (S. 54), Rundblättrige Glockenblume, Echte Engelwurz (S. 62), Echtes Labkraut und etliche Gräser den üppigen Unterwuchs. Oberhalb der Baumgrenze breitet sich auf der **Skaftafellsheiði** eine Zwergstrauchvegetation aus. Zuerst geht die baumartige Moorbirke in ein mannshohes, dann kniehohes und schließlich nur noch fußhohes Gestrüpp über, erst dann wird sie von der niederliegend wachsenden Zwergbirke abgelöst. Weitere Zwergsträucher dieser Zone sind Wollige Weide, Krautweide (S. 65), Besenheide (S. 94) und Rauschbeere. Insbesondere auf etwas steinigerem Boden findet man Knöllchenknöterich (S. 93), Gewöhnliche Grasnelke (S. 112), Silberwurz (S. 107) und Frühblühenden Thymian. In Quellfluren herrscht sumpfig-anmoorige Tundrenvegetation vor mit Sumpfherzblatt und Moorsteinbrech. Mit zunehmender Höhe wird der Bewuchs immer spärlicher. Oberhalb von 700 m gibt es nur noch fast vegetationslose Schuttflächen.

Infolge der günstigen klimatischen Bedingungen ist das Skaftafell-Gebiet auffallend reich an Insekten. Sie sind die Nahrungsgrundlage für zahlreiche Vogelarten. In den Birkenwäldern leben Zaunkönig (S. 32), Rotdrossel (S. 105) und Birkenzeisig (S. 36). Beim isländischen Zaunkönig handelt es sich um eine auffällig große Unterart mit sehr langem Schnabel und starker Streifung. Seit einigen Jahren brütet regelmäßig der Bergfink, der nun wohl als zur isländischen Fauna gehörig betrachtet werden muß. Oberhalb der Baumgrenze kann man das Alpenschneehuhn regelmäßig antreffen. Auf dem zum Park gehörigen kleinen Ausschnitt des Skeiðarársandurs brüten Sandregenpfeifer, Skua, Schmarotzerraubmöwe (S. 28) und Mantelmöwe (S. 87). Sie sind Zugvögel. Bis auf die Skua haben die meisten von ihnen bereits Ende August ihre Brutreviere schon wieder verlassen. Mit einem Bestand von insgesamt 6000 Paaren befindet sich auf den Sandern südlich des Vatnajö-

Der Bergfink ist noch nicht lange regelmäßiger Brutvogel in Island.

Zwergstrauchheide mit Säuerling; am linken Bildrand Rauschbeere und Schwarze Krähenbeere.

Die Rauschbeere erkennt man an den ganzrandigen runden Blättern. Die Blütezeit ist Mai/Juni.

kulls der größte zusammenhängende Bestand der Skua auf der nördlichen Erdhalbkugel.
Säugetiere sind selten. Der Eisfuchs (S. 48) kam sicherlich immer nur in geringer Siedlungsdichte vor. Der Nerz hat leider auch diesen Landstrich erreicht und richtet unter der einheimischen Fauna großen Schaden an. Die Waldmaus lebt erst seit 1964 im Nationalpark, hat aber offenbar bereits eine stabile Population aufgebaut.

Im Gebiet unterwegs

Der Nationalpark Skaftafell ist eine der Hauptattraktionen des Landes und wird deshalb besonders häufig besucht. Das Gebiet ist touristisch stark entwickelt. Man hat oft den Eindruck, daß die Landschaft an der Grenze der Belastbarkeit durch den Tourismus angelangt ist. Bitte halten Sie sich deshalb ganz streng an die im Kapitel Naturschutz (s. S. 30) genannten Bestimmungen für das Verhalten in Schutzgebieten!
Der Zugang zu allen Teilen des Nationalparks ist frei. Wanderer sollen jedoch möglichst auf den gekennzeichneten Wegen bleiben. Fahrzeugverkehr ist nur auf der Zufahrtsstraße zu Zelt- und Parkplatz gestattet.
In unmittelbarer Nähe des Campingplatzes beginnt der berühmte Wald von Skaftafell. Von dort aus und vom Parkplatz führen hervorragend markierte Wanderrouten zu einigen lohnenswerten Besuchspunkten. Selbst Besucher, die nur wenig Zeit mitbringen, sollten es sich nicht nehmen lassen, einige markante Ziele aufzusuchen.
Folgende Wandertour kann man durchaus an einem Vor- oder Nachmittag durchführen: Durch den dichten Wald geht ein gekennzeichneter Weg nach Norden hinauf auf die **Skaftafellsheiði**. Vom Aussichtspunkt **Sjónarsker** ② hat man bei gutem Wetter einen herrlichen Rundumblick auf den Skeiðarársandur im Süden, den Skeiðarárjökull im Westen und den Skaftafellsjökull im Osten. Von dort aus ist es nicht mehr weit zu einem der schönsten Wasserfälle Islands, dem **Svartifoss** ①. Viele, die ihn schon von Fotos her kannten, werden sich bei seinem Anblick über die geringe Wasserführung wundern. Dennoch gehört er mit den im Halbkreis angeordneten, senkrecht stehenden dunklen Basaltsäulen, über die sich das Wasser eines kleinen Baches ergießt, zu den Sehenswürdigkeiten des Parks und des ganzen Landes. Brechen Sie nicht zu spät auf, wenn sie den Wasserfall fotografieren wollen: Bereits am Nachmittag liegt er im Schatten!
Vom Svartifoss aus kann man hinüberwandern auf die Ostseite der Skaftafellsheiði zum Aussichtspunkt **Sjónarnípa** ④. Hier hat man einen herrlichen Ausblick auf den Skaftafellsjökull und das **Öræfajökull-Massiv** im Osten. Von dort führt der Weg zurück durch den Wald zum Zeltplatz.
Hier einige weitere Vorschläge unter Angabe der Ziele und Wanderzeiten. (Es handelt sich um Durchschnittswerte, sie gelten für Hin- und Rückweg.)

Wasserfall Svartifoss	1–1 1/2 Stunden
Sjónarsker	1 1/2 Stunden
Zunge des Skaftafellsjökull ③:	1–1 1/2 Stunden
Aussichtspunkt Sjónarnípa ④	2–3 Stunden
Gletschersee des Morsárjökull ⑤	6–7 Stunden

Man kann auf unmarkierten Wegen auch Wanderungen auf die Westseite des Morsárdalurs durchführen, z. B. zur Quelle der Skeiðará und zum Wald von Bæjarstaðarskógur mit seinen heißen Quellen, die eine Temperatur von 70–80 °C haben. Seien Sie dabei vorsichtig beim Durchqueren der Gletscherflüsse! Sie sind oft sehr reißend. Erfreulicherweise ist seit 1991 die Brücke über die Morsá wiederhergestellt, die zwischenzeitlich für mehrere Jahre nicht existierte.

Auf den Sanderflächen südlich des Vatnajökull brüten 6000 Paare der Skua.

Praktische Tips

Anreise

Die Anreise erfolgt über die Straße 1. Kurz nachdem man, von Westen kommend, die mächtige Skeiðará auf der 964 Meter langen Brücke überquert hat, zweigt nach links eine Stichstraße zum Informationszentrum des Nationalparks ab. Skaftafell wird vom öffentlichen Busverkehr angesteuert. Im Park gibt es keine Straßen.

Klima/Reisezeit

Obwohl der eisfreie Teil des Skaftafell-Nationalparks von Gletschern umgeben ist, gehört er zu den klimatisch am meisten begünstigten Gebieten Islands. Das über 2000 m hohe Öræfajökull-Massiv mit dem Hvannadalshnúkur als Islands höchstem Berg hält kalte Nord- und Ostwinde ab. Die mittlere Jahrestemperatur lag über die Zeit von 1931–1960 bei 5 °C, die durchschnittliche Juli-Temperatur beträgt 10,7 °C. Im Jahresmittel fallen 1761 mm Niederschlag, davon am meisten im Winter, am wenigsten zur Hauptreisezeit im Juli. Auf den Gletschern sind die Niederschläge erheblich höher, bis zu 8000 mm pro Jahr.
Hauptattraktion des Parks ist neben der grandiosen Kulisse inmitten der Gletscher die ausgesprochen reichhaltige Pflanzenwelt. So empfiehlt sich ein Besuch im Juni; auch der frühe Juli ist noch interessant für den botanisch Interessierten.

Unterkunft/Information

Der Zeltplatz im Nationalpark ist äußerst komfortabel eingerichtet. Es gibt Duschen, WCs, Übernachtung in Gästebetten, einen Laden, eine Cafeteria und eine Tankstelle. Geöffnet ist der Campingplatz vom 1. Juni bis zum 31. August. Auf dem Hof Bölti kann man Übernachtungen mit Frühstück buchen, allerdings finden hier nur wenige Personen Unterkunft. Einige Kilometer weiter östlich gibt es an der Ringstraße ein Gästehaus.

Karten

Generalkarte Island, Blatt 9, Südostisland, 1:250 000, Landmælingar Íslands, 1991.
Spezialkarte, Blatt 87/88, Öræfajökull,

Das Sumpfherzblatt wächst auf feuchten und trockenen Böden (Blütezeit: Juni/Juli).

Über regelmäßig im Halbrund angeordnete Basaltsäulen ergießt sich der Svartifoss.

1:100 000, Landmælingar Íslands, 1987.
Spezialkarte Skaftafell, 1:25 000, Landmælingar Íslands, 1987.
Hervorragende Karten, nach denen man problemlos wandern kann, sind in dem vom Naturschutzrat herausgegebenen Faltblatt über den Skaftafell-Nationalpark abgedruckt. Jeder Besucher kann diese Broschüre am Informationsstand bei den Parkwächtern kaufen. Zeltplatzbenutzer erhalten die Broschüre unentgeltlich bei Begleichen der Rechnung.

Der Rote Steinbrech ist ein Frühblüher in Island. Die ersten Blüten erscheinen schon im März.

Der Moor-Steinbrech ist vor allem im Gebirge verbreitet (Blütezeit: Juni/Juli).

Das Arktische Weidenröschen – eine Art Nationalblume in Island (Blütezeit: Juli).

Der Fetthennensteinbrech erreicht im Skaftafell-Nationalpark seine westliche Verbreitungsgrenze.

Blick in die Umgebung

Auf dem Skeiðarársandur direkt südlich des Nationalparks befindet sich eine große Kolonie der Skua. Ein weiteres, erheblich besser zugängliches Brutgebiet dieser Art ist der Breiðamerkursandur südöstlich des Öræfajökulls.
55 km weiter östlich liegt der Gletschersee **Jökulsárlón** (s. S. 142), an dem man herrliche Fotos von schwimmenden Eisbergen machen kann.

Die Immergrüne Bärentraube wächst auf Heiden und in Gebüschen. Sie blüht im Mai und Juni.

Eine typische Hochgebirgspflanze ist der Gletscherhahnenfuß (Blütezeit: Juni).

Nebenreiseziele

N 1 Grímsey

Die Insel Grímsey liegt 40 km vor der Küste Nordislands. Sie ist, wenn man einmal von dem unbewohnten Felseneiland Kolbeinsey absieht, der nördlichste Punkt Islands und die einzige Stelle, mit der Island an den Polarkreis heranreicht. Grímsey ist etwa 5,3 km^2 groß. Die Insel steigt von Westen nach Osten an und fällt dort zum Meer hin in einer Steilküste ab, die aus Säulenbasalten besteht und vielen Seevögeln als Nistplatz dient. Auf den wenigen Höfen leben heute nicht mehr als 100 Menschen, zumeist Schafhirten und Fischer.

Grímsey – dieser Name hat Klang unter den Vogelbeobachtern der Welt. Ihren Ruf hat die Insel vor allem der Tatsache zu verdanken, daß sich auf ihr der einzige Brutplatz des Krabbentauchers (S. 142) in Island befindet. Dieser Alk ähnelt einem Papageitaucher, ist aber erheblich kleiner, mit einem fast quadratischen Körper und einem für einen Alken sehr kleinen Schnabel. Er ist eine hocharktisch-atlantisch verbreitete Art, die von Grönland über Spitzbergen bis Nowaja Semlja vorkommt. Island war immer die äußerste Südgrenze seines Verbreitungsgebietes. 1983 haben nur noch 2 Paare hier gebrütet. Es ist fraglich, ob der Krabbentaucher heute überhaupt noch zu den Brutvögeln Islands gerechnet werden kann. Zu seinem Rückgang hat sicherlich die Klimaerwärmung in diesem Jahrhundert entscheidend beigetragen. ACHTUNG: Der Krabbentaucher gehört zu den Vogelarten, die in Island nicht ohne Erlaubnis am Nest fotografiert werden dürfen (s. S. 153).

Neben dem Krabbentaucher sind alle übrigen 5 atlantischen Alkenarten Brutvögel auf Grímsey. Der Eissturmvogel hat von hier aus 1750 seine Ausbreitung rund um Island begonnen. Dagegen brütet der Baßtölpel heute nicht mehr auf Grímsey. Im Hinterland der Insel sind Odinshühnchen und Schneeammer häufige Brutvögel. Vor der Küste Grímseys sind Seehunde regelmäßig anzutreffen; im Winter können auch die nördlicher verbreiteten Arten Klappmütze, Ringel-, Bart- und Sattelrobbe beobachtet werden. Neben der Tierwelt verdient die Flora Grímseys durchaus Interesse: Über 100 Pflanzenarten sind nachgewiesen worden.

Grímsey kann man täglich mit Flugzeugen der Nordlandair von Akureyri aus erreichen; Auskunft und Buchung unter der Telefonnummer 96/21 824. Wer wenig Zeit hat, kann nach zweistündigem Aufenthalt mit demselben Flugzeug zurückfliegen. Mit dem Schiff kann man 2–3mal pro Woche auf die Insel fahren. Auskunft und Fahrkartenverkauf beim Reisebüro Nonni Travel, Tel.: 96/27 922.

Offizielle Zeltplätze und Gästehäuser gibt es auf Grímsey nicht. Doch es sind private Zimmer und Zeltplätze in Sandvík oberhalb der Anlegestelle vorhanden.

N 2 Akureyri und Ungebung

Akureyri gilt in Island als »Hauptstadt des Nordens«. Es liegt fast am Ende des großen **Eyjafjörður** auf dessen Westseite. Mit über 14 000 Einwohnern ist es die drittgrößte Stadt des Landes. Es eignet sich gut als Ausgangspunkt für Bergtouren ins Gebirge von **Tröllaskagi** westlich der Stadt. Von Akureyri aus werden organisierte Touren zum Mývatn (s. S. 66), zur Askja (s. S. 65) und zum Dettifoss (s. S. 51) angeboten. Von hier aus fliegt man auf die Insel Grímsey. Dorthin und auf eine andere Insel, Hrísey, wird ein Fährbetrieb aufrechterhalten.

Islandpferde

Als gegen Ende des 9. Jh. norwegische Wikinger die Insel besiedelten, brachten sie in ihren Schiffen Pferde mit, kleine, kräftig gebaute Germanen- und Keltenponys von urwüchsigem Äußeren. Welche überragende Bedeutung sie für die Neusiedler hatten, läßt sich an Beispielen aus der Zeit des ersten isländischen Freistaates (930 – 1262) belegen. Schon bei seiner ersten Zusammenkunft im Jahre 930 beschloß der Althing, die gesetzgebende Versammlung, ein Einfuhrverbot für Pferde. Es besteht noch heute. Ein anderes Gesetz erklärte Pferdediebe für vogelfrei. Unterhalten wurden die jährlichen Parlamentsversammlungen mit Hengstkämpfen. Unzählige Sagas schildern große Kämpfe in allen Einzelheiten und besingen die siegreichen Pferde. Ein Hengst, der nie eine solche Auseinandersetzung bestanden hatte, galt trotz anderer Vorzüge nicht als zuchtgeeignet. Später wurden Hengstkämpfe wegen ihrer Grausamkeit verboten.
Im bäuerlichen Alltag war das Pony allerdings zunächst einmal ein Arbeitstier. So wurden Menschen und Waren bis zur Entwicklung des Autos ausschließlich auf dem Rücken der Pferde transportiert. Sie trugen das Heu von den Wiesen zu den Höfen und schleppten Baumaterial, Lebensmittel und Gebrauchsgegenstände von den Hafenstädten zu den bäuerlichen Siedlungen. Auf dem Pferderücken kam der Arzt zu den Kranken, erreichten die Gläubigen ihre oft weit entfernten Kirchen, und selbst Särge wurden auf sinnreich konstruierten Packsätteln zu den Friedhöfen getragen. Schließlich war das Pferd ein wichtiger Fleischlieferant. Pferdefleisch wird heute noch vielerorts als Delikatesse geschätzt.
Die Tiere sind sehr anspruchslos und brauchen wenig Pflege. Das ganze Jahr über bleiben sie im Freien. Durch das lange derbe Winterfell sind sie gegen schlechtes Wetter geschützt. Bei dieser Lebensweise ist es kein Wunder, daß Islandpferde ausgesprochen abgehärtet und unempfindlich gegen Krankheiten sind. Isländer gelten zudem als flink und trittsicher.
Diese Eigenschaften waren sicherlich ein Grund für den Siegeszug, den das Islandpferd mit der Renaissance des Reitsports in Mitteleuropa antrat. Besonders willkommen sind den Liebhabern dieser Rasse zwei Gangarten, die europäische Pferde nicht mehr beherrschen: Paß und Tölt. Der Tölt ist die geschätzteste Gangart des Isländers. Wie beim Schritt setzt das Pferd alle vier Füße nacheinander auf, wobei das ganze Körpergewicht für Sekundenbruchteile auf einem einzigen Huf ruhen kann. Der Tölt kann bis zum Renntempo gesteigert werden. Der Reiter sitzt bei dieser Gangart völlig erschütterungsfrei und ruhig im Sattel. Im Paß werden beide Beine einer Seite gleichzeitig nach vorn gebracht. Dabei entsteht ein Zweitakt der Bewegung, dem sich der Reiter im Sattel anzupassen hat. In Island wird bei zahlreichen Pferderennen und Gangartenprüfungen der Ausbildungsstand der Pferde ständig dokumentiert und bewertet.
Die europäischen Pferde dagegen sind Dreigangpferde, die gewöhnlich nur Schritt, Trab und Galopp beherrschen. Vielfach besteht die Ansicht, Paß und Tölt seien in Island »hinzuerfunden« worden. Doch beide Gangarten sind Wildpferden angeboren und auch europäische Pferde beherrschten sie früher.

Im Öxnadalur gibt es noch frei weidende Islandpferde.

Naturkundliche Sehenswürdigkeiten in der Stadt selbst sind der 1912 angelegte Botanische Garten und das Naturkundemuseum aus dem Jahre 1951. Es zeigt Präparate von isländischen Säugetieren, Vögeln, Meereslebewesen, ein Herbarium und etliche Mineralien und ist vom 1. Juni bis zum 15. September täglich von 13–15 Uhr geöffnet.
Westlich der Straße 821 liegt fast noch auf dem Stadtgebiet von Akureyri ein langgezogener Teich. Hier brüten Eider-, Eis-, Reiher-, Stock- und Pfeifente. Hin und wieder findet sich im Herbst ein Ohrentaucher ein. Über dem Eyjafjörður, der sich auf der anderen Seite der hier auf einem Damm verlaufenden Straße befindet, fliegen häufig Silber-, Mantel-, Herings- und Lachmöwen. Schmarotzerraubmöwen gesellen sich oft zu ihnen. Auf dem Wasser halten sich im Spätsommer größere Mengen mausernder Enten auf, unter anderem Reiher- und Bergenten.

Ein sehr lohnenswertes Exkursionsgebiet ist das Delta des Flusses **Eyjafjarðará** im Südosten der Stadt. Weite Teile sind als Weiden oder Wiesen genutzt. Dort brüten Rotschenkel, Uferschnepfe und Bekassine. In den feuchteren Partien entlang des Flusses sind Singschwan und Odinshühnchen regelmäßig anzutreffen. Am Rande der Wiesengräben wachsen beide Wollgräser, Sumpfblutauge, Tannenwedel und verschiedene Seggenarten. An den Wegrändern stehen Vogelwicke und Waldengelwurz in großer Zahl.
Fährt man von Akureyri aus über die Straße 1 nach Westen, gelangt man in das 35 km lange, tief eingeschnittene **Öxnadalur**. Interessant ist die Gebirgsflora dieses Tales. Das Öxnadalur ist eine der wenigen Gegenden in Küstennähe, in der Pferdeherden noch frei grasend ohne Zäune gehalten werden. Mit etwas Glück kann man gute Fotos von diesen Pferden machen. Oft haben sie überhaupt keine Scheu vor Besuchern.
In Akureyri gibt es einen Zeltplatz an der Þórunnarstræti. (Ein weiterer liegt wenige Kilometer südlich der Stadt an der Straße 821 bei der Ortschaft Hrafnagil.) Es gibt zwei Jugendhotels und mehrere Gästehäuser. Die Touristeninformation am Ráðhústorg 3 ist hervorragend mit Informationsmaterial bestückt, und die Beratung ist sehr kompetent.

N 3 Hornstrandir-Naturschutzgebiet

Das Hornstrandir-Naturschutzgebiet liegt im äußersten Norden der Nordwest-Halbinsel oder Nordwest-Fjorde (isl. »Vestfirðir«). Es ist 1975 eingerichtet worden und 580 km^2 groß. Die Landschaft der Nordwest-Halbinsel gilt als Geheimtip unter den Touristen, die das stille, menschenleere Island lieben. Nachdem die Fischerei keinen nennenswerten Ertrag mehr brachte, setzte hier im vergangenen Jahrhundert eine Landflucht ein, die dazu führte, daß

viele Höfe verlassen wurden. Hornstrandir, ohne Straßenverbindung schon immer von der übrigen Welt ziemlich abgeschnitten, ist seit einem Vierteljahrhundert ohne jede menschliche Besiedlung.
An steilen, hohen Klippen haben hier zahlreiche Seevögel in sogenannten Vogelbergen (s. S. 88) ihre Brutkolonien. Der bekannteste von ihnen ist **Hornbjarg**, einer der drei größten Vogelfelsen in Island. Hier brüten schätzungsweise 400 000 Paare von Trottel- und Dickschnabellummen, Tordalken und Papageitauchern.
In den breiten Buchten Aðalvík, Fljótavík, Hælavík und Hornvík erstrecken sich weite Täler, die einst landwirtschaftlich genutzt worden sind. Sie sind teilweise sumpfig und feucht. Zahlreiche Seen, Tümpel und Niedermoore sind eingestreut. Die Orchideen Grüne Hohlzunge und Westliche Kuckucksblume sind an manchen Stellen sehr häufig. In den Feuchtgebieten brüten Sterntaucher, Singschwan, Rotschenkel, Bekassine, Goldregenpfeifer, Alpenstrandläufer, Regenbrachvogel, Odinshühnchen und Schmarotzerraubmöwe. Auf den ehemaligen Heuwiesen sind Wiesenpieper und Steinschmätzer überall anzutreffen. Wo die Wiesen von Birkengebüsch überwuchert werden, brütet die Rotdrossel in großer Zahl.
Vom Hof Skjaldfönn südlich des **Drangajökull** am Ende der Straße 638 führt ein Wanderweg bis zum Hornbjarg. Er ist sehr lang und beschwerlich, und nur geübte Wanderer sollten sich den Weg zutrauen. Von Ísafjörður aus fährt die Fähre »Fagranes« in der Zeit vom 26. Juni bis zum 25. August die Buchten Aðalvík und Hornvík an der Westeite von Hornstrandir montags, dienstags und freitags an. Dort kann man sich

Hraunfossar – die »Lavawasserfälle« (N 4).

absetzen lassen und wird auch wieder abgeholt. Bei Bedarf wird auch die Bucht Hælavík angelaufen. Mit dem Bootsführer kann man individuelle Vereinbarungen darüber treffen, wo man an Land gehen und wieder abgeholt werden möchte. Komplett organisierte geführte Touren zu den Hornstrandir können in Reykjavík gebucht werden; Auskünfte erteilt die Touristeninformation (s. S. 144). Von Ísafjörður aus kann man Rundflüge über das Schutzgebiet Hornstrandir unternehmen.

N 4 Hraunfossar

Die Hraunfossar (= Lavawasserfälle) liegen im Westen Islands, etwa 50 Straßenkilometer östlich der Stadt Borgarnes und nur wenig westlich des Gletschers Langjökull inmitten einer für isländische Verhältnisse grünen Umgebung. Sie sind sicherlich eines der eigenartigsten Landschaftsgebilde dieses an auffälligen, bizarren und gewaltigen Naturerscheinungen nicht gerade armen Landes. Hier treten an der Stirn eines Lavastromes am Rand des Gletscherflusses **Hvítá** auf einer Breite von etwa einem Kilometer zahlreiche Quellwasserkaskaden auf halber Höhe der Uferböschung aus und stürzen in den großen Fluß. Es sieht aus, als käme das Wasser aus dem Boden (Fotos S. 137 und S. 2/3). Die Niederschläge und die Schmelzwasser der benachbarten Gletscher Langjökull und Eiríksjökull versickern in einem 200 km^2 großen Lavafeld, dem Hallmundarhraun, das einem Krater am Nordrand des Langjökull entstammt. Schon wenige Meter unter der Lavaoberfläche verhindert eine wasserundurchlässige Schicht, daß das Wasser völlig im Boden verschwindet. Statt dessen wird es zum Ufer des Flusses geleitet und kommt an seinem Steilufer wieder zum Vorschein.
Vom gegenüberliegenden Ufer aus hat man einen ungehinderten Ausblick auf dieses einmalige und faszinierende Landschaftselement. Wenige Meter flußaufwärts stürzt die Hvítá als tosende Stromschnelle durch eine enge Schlucht. Sie ist mit einer Brücke überspannt, von der aus man herrliche Übersichtsaufnahmen von den Hraunfossar und der Umgebung machen kann. Ganz in der Nähe fließt das Wasser unter einer »natürlichen« Steinbrücke her. Der kleine Wasserfall heißt Barnafoss (= Kinderwasserfall), weil hier zwei Bauernkinder beim Spiel ertrunken sind. Daraufhin soll deren Vater versucht haben, die Brücke zu zerschlagen, um anderen Kindern dasselbe Schicksal zu ersparen.
In der Nähe des Parkplatzes bei den Hraunfossar wachsen im unbewaldeten Gelände die typischen Zwergstrauchheiden-Arten Zwergbirke, Krautweide, Rauschbeere, Schwarze Krähenbeere, Alpenhornkraut, Sumpfherzblatt und Knöllchenknöterich. An feuchteren Stellen finden sich u. a. Schmalblättriges und Scheuchzers Wollgras sowie Sumpfvergißmeinnicht. Die Gegend ist bis östlich der Ortschaft **Húsafell** mit Birkenwald bestanden. Hier sind Moorbirke, Eberesche, Zweifarbige Weide, Rausch- und Heidelbeere, Besenheide, Waldstorchschnabel und Gewöhnlicher Frauenmantel verbreitet. Im Spätsommer ist die Gegend reich an Birkenpilzen. Es brüten Birkenzeisig, Rotdrossel, Zaunkönig und an sumpfigeren Stellen in großer Zahl die Bekassine.
Will man die Hraunfossar schnell erreichen, wählt man den Weg über die Straßen 1, 50 und 518. Hat man genügend Zeit, sollte man die Hochlandpiste F 35 durch das landschaftlich interessante **Kaldidalur** fahren, die allerdings nur für vierradgetriebene Wagen geeignet ist. In Húsafell gibt es auch einen Flugplatz. Unterkunft findet man auf den Zeltplätzen von Húsafell und Gilsbakki. In Húsafell kann man auf dem Gelände eines Feriendorfes auch Hütten mieten, die allerdings meist lange im voraus belegt sind.

N 5 Hvalfjörður

Wenn man die Straße 1 von Reykjavík in Richtung Borgarnes nimmt, umfährt man einen großen Abschnitt des Hvalfjörðurs. Er ist mit rund 30 km Länge der größte Fjord Südwestislands. Vor der Ortschaft **Miðsandur**, wo sich während des Zweiten Weltkrieges eine US-amerikanische Marinestation befand, halten sich im Watt große Mengen von Herings-, Silber- und Eismöwen auf. Im Spätsommer und Herbst ziehen hier zahlreiche Schwärme verschiedener Limikolen durch, z. B. Steinwälzer, Knutts, Alpenstrandläufer, Regenbrachvögel und Rotschenkel.

Vor Miðsandur erstreckt sich eine Halbinsel ins Meer, die man erwandern kann. Hier gibt es eine kleine Eiderentenkolonie. Daneben brüten Silber- und Heringsmöwen sowie Schmarotzerraubmöwen. Die Halbinsel ist bedeckt mit Zwergstrauchheiden. Dort wachsen Zwergbirke, Krautweide, Schwarze Krähenbeere, Besenheide, Silberwurz, Knöllchenknöterich, Strandwegerich, Alpenfrauenmantel, Sumpfherzblatt, Gewöhnliche Grasnelke, Frühblühender Thymian, Stengelloses Leimkraut und Säuerling. Nebenan liegt eine kleine Insel im Fjord, die an ihren Hängen Seevogelkolonien beherbergt. Auf dem flachen Plateau nisten zahlreiche Papageitaucher.

Traurige Berühmtheit hat der Hvalfjörður durch die Walverarbeitungsstation von Miðsandur erhalten. Hier befindet sich die letzte Walsstation, die in Europa in Betrieb gewesen ist. Sie liegt seit 1990 still. Allerdings macht sie einen so gepflegten Eindruck, daß man sich gut vorstellen kann, sie schon morgen wieder in Betrieb zu sehen. Hoffentlich bleibt Island bei seinem Beschluß, keine Wale mehr zu fangen und mottet die Station endgültig ein! (Siehe auch Essay »Walfang«, S. 24.)

N 6 Hveravellir

Hveravellir (auf deutsch: »Ebene der heißen Quellen«) ist eines der berühmtesten Geothermalgebiete Islands (s. S. 13) und schon von weitem an den über das Hochland streichenden Dampfschwaden erkennbar. Es liegt 625 m hoch zwischen den beiden großen Inlandgletschern **Hofsjökull** und **Langjökull** und damit in einer der kältesten Gegenden des Landes. Das Klima ist feucht-kalt. Die Jahresdurchschnittstemperatur beträgt -1,6 °C. Selbst im Sommer muß man immer mit einem Schneeschauer rechnen. Seit 1965 gibt es hier eine Wetterstation.

Das Geothermalgebiet von Hveravellir erstreckt sich am Nordrand des flachen Schildvulkans **Strýtur**, der leicht bestiegen werden kann. Vom Kraterrand hat man einen guten Überblick über die Landschaft und Einblick in den Krater mit den Resten eines ehemaligen Kratersees.

Auf einem erstaunlich großen Gelände präsentieren sich hier zahlreiche Beispiele für den nacheiszeitlichen Vulkanismus in Island: heiße Quellen, Solfataren und Fumarolen (s. S. 13). Eine der schönsten Quellen ist der blau leuchtende **Bláhver**. Sein Wasser ist 90 °C heiß, an seinem Rand haben sich auffällig gelbe Sinterstrei-

Hoffentlich Vergangenheit: Walfangschiff im Hvalfjörður.

Ófærufoss, der berühmte »Brückenwasserfall« in der Eldgjá.

fen abgesetzt. Eine andere Quelle speist einen Badepool, der von Touristen regelmäßig genutzt wird. Viele Fumarolen haben fast meterhohe Kegel aus Kieselsinter aufgebaut, z. B. der **Öskurhver** (zu deutsch: »donnernde Dampfquelle«). Seit 1975 stehen 170 ha des Gebietes unter der Bezeichnung **Hveravellir á Kili** unter Naturschutz. Deshalb ist es verboten, Sinterablagerungen abzuschlagen und Steine zu sammeln.
Man erreicht Hveravellir über die Hochlandpiste F 37, den **Kjalvegur**. In früherer Zeit war dieser Weg durch das Hochtal **Kjölur** eine der wichtigsten Nord-Süd-Verbindungen Islands. In der Nähe der Quellen befinden sich die Reste einer Behausung. Hier soll sich im 18. Jh. der Geächtete Fjalla-Eyvindur verborgen haben. Angeblich hat er in einer heißen Quelle sein Essen gekocht.
In Hveravellir gibt es eine Tankstelle, einen Zeltplatz und zwei Touristenhütten, die zusammen 70 Personen Platz bieten.

N 7 Eldgjá

Die 1893 von dem isländischen Geologen Þorvaldur Thoroddsen entdeckte Eldgjá ist eine beeindruckende Schlucht mit Ausmaßen, die auf der Erde wohl einmalig sind: 5 km lang und 270 m tief bei einer Breite von 600 m. Sie liegt auf halbem Wege zwischen den Gletschern Mýrdalsjökull und Vatnajökull und etwa 35 km süd-südöstlich des Þórisvatns, Islands zweitgrößtem See. Man erreicht sie, wenn man 20 km westlich von Kirkjubæjarklaustur von der Straße 1 auf die 208 abbiegt und vom Hof Búland über die rauhe Hochlandpiste F 22 nach Norden fährt. Nachdem man ausgedehnte *Rhacomitrium*-Heiden durchquert hat, erreicht man diese riesige Spalte nach etwa 25 km Fahrstrecke.
Die Eldgjá (= »Feuerschlucht«) ist Teil des größten Eruptionsgrabens der Welt, der sich über 40 km vom 935 m hohen Berg **Gjátindur** nach Südwesten bis hin zum Nordwestrand des **Mýrdalsjökull** erstreckt. Diese gesamte Spalte wird ebenfalls als Eldgjá bezeichnet. Neuere Untersuchungen, bei denen auch im Eis von Grönland gefundene Eldgjá-Asche eine Rolle gespielt hat, lassen auf das Alter der Schlucht schließen. Vermutlich riß sie im Jahre 934 n. Chr. auf und zerteilte die umliegende Landschaft. Bei diesem Ausbruch wurde die unglaubliche Menge von 9 km³ Lava gefördert, die sich über weite Teile Südislands verteilte und eine Fläche von etwa 900 km² bedeckte. Es ist nicht genau bekannt, ob die Eldgjá erst durch diese gewaltige Eruption entstanden ist oder schon vorher bestanden hat. Große Teile der Eldgjá-Lava sind im übrigen bedeckt von der Lava der Laki-Ausbrüche im Jahre 1783, die für die Isländer katastrophale Folgen hatten (s. S. 13).
Am eindrucksvollsten ist die Eldgjá an ihrem Ende unterhalb des Gipfels Gjátindur. Dort stürzt von der Hochfläche der beeindruckende Wasserfall **Ófærufoss** in

Ausflugsboot auf dem Jökulsárlón (N 8).
Heiße Quellen und Solfataren in Hveravellir (N 6).

Der Krabbentaucher ist eine hocharktische Art (N 1).

mehreren Stufen in die Schlucht. Das Wasser hat hier im Auffangbecken eine Basaltdecke durchbrochen und so die berühmte natürliche Steinbrücke geschaffen, die man begehen kann.
Es ist erstaunlich, daß ein Naturphänomen solchen Ausmaßes, wie es die Eldgjá darstellt, erst 1893 entdeckt worden ist. Doch darf man nicht vergessen, daß Reisen ins Innere Islands in früheren Jahren beschwerlich und nicht ungefährlich waren. Heute führt eine zwar grobe, aber für Allradfahrzeuge gut befahrbare Piste bis in die Schlucht hinein. Eine Buslinie geht von Reykjavík über die Landmannalaugar bis zur Eldgjá und weiter zum Skaftafell. Von einem Parkplatz aus, der hinter zwei Furten liegt, kann man in etwa 20 Minuten den Wasserfall Ófærufoss erreichen.
Wenn man fotografieren will, sollte man unbedingt vor 16.00 Uhr nachmittags am Ort sein, weil Teile der Szenerie danach im Schatten liegen.
Gebiete in der Umgebung des Parkplatzes und der Zufahrtstraße sind abgesperrt. Zu Recht; denn in früheren Jahren haben hier offensichtlich unverbesserliche Geländewagenfahrer ihre Autos besonderen Prüfungen unterzogen und ausgesprochen häßliche und umweltzerstörende Fahrspuren hinterlassen. Halten Sie sich bitte auch hier beim Fahren wie beim Wandern ausschließlich an markierte Wege!
In der Eldgjá gibt es keinen Zeltplatz. Die nächstgelegenen Campingplätze liegen im Süden bei Hrífunes an der Straße 1 und im Norden bei den Landmannalaugar (s. S. 115). Vielleicht 6–7 km südlich der Schlucht gibt es an der F 22 ein Haus, in dem 1991 eine Schlafsackunterkunft angeboten wurde.

N 8 Jökulsárlón

Am Jökulsárlón besteht wohl die für ganz Island günstigste Möglichkeit, auf einem Gletschersee schwimmende Eisberge zu fotografieren. Die Seen Jökulsárlón, Breiðárlón (im Westen) und Stemmulón (im Osten) sind erst nach 1930 im Zusammenhang mit dem Rückschritt des Gletschers **Breiðamerkurjökull** entstanden. Vor 100 Jahren reichte diese breite Gletscherzunge des Vatnajökull noch bis ans Meer. Das Jökulsárlón hat die beträchtliche Tiefe von 150 m und reicht damit weit unter den Meeresspiegel.
Um die weißen, blauen und von abgeriebener Lava schwarzgefärbten Eisberge zu fotografieren, braucht man sich nur auf die direkt neben der Straße 1 liegende Endmoräne des Breiðamerkurjökull zu begeben. Von dort hat man nach Norden einen hervorragenden Überblick über den Gletscher und kann dort wunderbar den Verlauf einer Mittelmoräne verfolgen. Im Westen liegt der mit 2119 m höchste Berg Islands, der **Hvannadalshnúkur** im **Öræfajökull-Massiv.** Wer die Eisberge aus nächster Nähe erleben möchte, kann an einer Bootsfahrt auf dem See teilnehmen. Eine Tour dauert 30 bis 40 Minuten und kostete 1991 900,- ISK. Vom Parkplatz am Jökulsárlón aus kann man zum Gletscherrand wandern.
Der Gletschersee hat einen Abfluß zum nahen Meer. Durch ihn schwimmen manchmal Eisberge bis zum Strand und türmen sich dort zu einer Barriere auf.

Durch den kurzen Fluß gelangen hin und wieder sogar Seehunde aus dem Meer bis in den See. Vor allem im Spätsommer sind Sterntaucher und Küstenseeschwalben regelmäßige Gäste an den Gletscherseen. Nur wenige Kilometer weiter westlich befindet sich beiderseits der Ringstraße auf dem **Breiðamerkursandur** mit 2000–3 000 Paaren die größte Kolonie der Skua auf der Nordhalbkugel. Dazwischen nisten regelmäßig auch die deutlich kleineren Schmarotzerraubmöwen. An den kleinen Seen rechts und links der Straße kann man häufig Sterntaucher, Odinshühnchen und Küstenseeschwalben beobachten. Östlich des Jökulsárlón erstreckt sich entlang der Straße 1 Weiden- und Wiesengelände. Hier brüten Lach- und Sturmmöwen. Im Herbst sind große Scharen von Goldregenpfeifern und Austernfischern auf den abgeernteten Heuwiesen zu sehen.
Unterkunft gibt es in einigen Gästehäusern an der Straße 1 in der Nähe der Seen. Zeltplätze befinden sich im Skaftafell-Nationalpark im Westen und in der Stadt Höfn im Osten. Von der rund 70 km weiter östlich liegenden Hafenstadt **Höfn** aus werden Touren mit Schneekatzen auf den Vatnajökull durchgeführt. Informationen erhält man im Hotel Höfn, wo man auch Buchungen vornehmen kann.

N 9 Snæfell

Das Snæfell ist ein erloschener und mit kleinen Gletschern bedeckter 1833 m hoher Vulkan im Nordosten des Vatnajökull. Die Zufahrt erfolgt über die Straße 931. Man biegt auf dieser Straße um die Südspitze des **Lagarfljót** und kurz hinter Skriðurklaustur auf die unbenannte Hochlandpiste in Richtung Snæfell ab. Dann geht es hinauf auf die Hochebene **Flótsdalsheiði**, eine Landschaft von herber Schönheit. Die Strecke ist markiert und mit geländegängigen Wagen problemlos zu befahren. Bei gutem Wetter schafft man sie auch mit einem gewöhnlichen PKW. Man sollte sich einen ganzen Tag Zeit für die Tour gönnen.
Im Gebiet von Snæfell leben im Sommer wilde Rentiere. Mit etwas Glück kann man sie in der Nähe des Weges antreffen. Rentiere waren vor der Ankunft des Menschen in Island nicht heimisch (etwa im Gegensatz zu Spitzbergen oder Grönland). 1771 und 1777 wurden Rentiere aus Norwegen ins Land gebracht, doch starben die Tiere später wieder aus. Anfang dieses Jahrhunderts wurde ein neuer Einbürgerungsversuch gestartet, der schließlich erfolgreich war. Allerdings konnten die isländischen Bauern sich nie mit der Nutzung der Rentiere, wie sie in Lappland praktiziert wird, anfreunden. Sie schossen die Tiere lieber. So verwilderten die Herden schnell. Der Jagddruck war jedoch so hoch, daß die Tiere fast ausgerottet wurden. Zwischen 1901 und 1943 war das Rentier daher in Island vollständig geschützt. Heute ist zwischen dem 1. August und dem 15. September der Abschuß von 600 Exemplaren jährlich erlaubt. Dadurch hofft man, den Bestand bei ca. 3000 Stück halten zu können.
Südöstlich des Snæfells liegt die Hochlandoase **Eyjabakkar** am Fuße der Gletscherzunge **Eyjabakkajökull**. Hier liegt eines der wenigen Brutgebiete der Kurzschnabelgans in Zentralisland. Leider sind die Bestände durch den Bau eines Wasserkraftwerks stark bedroht. Die Zufahrtswege für die Anlage sind schon im Bau. Offensichtlich ist es den isländischen Naturschützern nicht gelungen, diesen wichtigen Brutplatz der Kurzschnabelgans vor dem Untergang zu bewahren.
Im Gebiet gibt es nur eine Unterkunftsmöglichkeit in der Hütte **Snæfellskáli** direkt am Fuße des Snæfell. Sie bietet Platz für 40–50 Personen. Der Zugang ist für jedermann frei. Belegt wird nach der Devise: Wer zuerst kommt, erhält zuerst einen Platz.

Reiseplanung

Vor der Reise

Informationen
Island unterhält ein Informationsbüro in der Bundesrepublik Deutschland, bei dem man Prospekte, Broschüren und praktische Reisetips anfordern kann. Auch gezielte Anfragen werden beantwortet. Jeder Islandfahrer sollte vor Reiseantritt Kontakt mit dem Fremdenverkehrsamt aufnehmen, da Bestimmungen z. B. über Lebensmitteleinfuhren, zollfreien Einkauf, Dieselsteuer und der Wert der isländischen Währung sich häufig und manchmal überraschend schnell ändern.

Adresse:
- Isländisches Fremdenverkehrsamt,
  Brönnerstraße 11,
  D-6000 Frankfurt am Main,
  Tel.: 069/285583.

Information in Island:
- Upplýsingamiðstöð ferðamála á Íslandi
  (Tourist Information Center),
  Bankastræti 2,
  101 Reykjavík.

- Iceland Tourist Bureau,
  Skógarhlíð 18,
  Reykjavík,
  Tel.: 00354/258.

- Náttúruverndarráð,
  Nature Conservation Council (NCC),
  Hverfisgata 26,
  Reykjavík.

Einreise/Papiere
Bürger aus der Bundesrepublik Deutschland, Österreich, der Schweiz und den meisten westeuropäischen Staaten benötigen zur Einreise einen gültigen Personalausweis oder Reisepaß. Wer in Island einen Mietwagen fährt, braucht nur den Führerschein des Heimatlandes. Wer in Island das eigene Kraftfahrzeug bewegen will, muß einen Internationalen Führerschein, einen Kraftfahrzeugschein und die grüne Versicherungskarte vorlegen. Am Fahrzeug sollte das Nationalitätskennzeichen angebracht sein. Für Dieselfahrzeuge muß bei der Einreise beim Zoll eine Steuer entrichtet werden, die pro angefangener Aufenthaltswoche erhoben wird und sich in der Höhe nach dem zulässigen Gesamtgewicht richtet. Sie betrug 1991 für einen mittelschweren PKW ungefähr 100 DM pro Woche.

Gesundheit
Es müssen keine besonderen Gesundheitsvorsorgemaßnahmen ergriffen werden. Impfungen sind nicht erforderlich. In der Reiseapotheke sollten jedoch ein Sonnenschutzmittel und elastische Binden nicht fehlen. Ein Mittel gegen Insektenstiche ist in der Regel nicht erforderlich. Bei Gletscherwanderungen sollte man stets eine gute Sonnenbrille dabeihaben.
Das isländische Gesundheitswesen hat einen hohen Standard, die Versorgung mit Ärzten, Krankenhäusern und Apotheken ist gut. Krankenhäuser unterhalten eine Notfallambulanz. Man sollte sich vor Antritt der Reise bei seiner Krankenversicherung erkundigen, wie man sich im Falle einer Erkrankung in Island verhalten soll. Bürgern aus dem deutschsprachigen Raum kann aber grundsätzlich empfohlen werden, eine Auslandsreisekrankenversicherung abzuschließen.

Devisen und Zollbestimmungen
Die isländische Währungseinheit ist die Krona = 100 Aurar. Ausländische Zahlungsmittel dürfen in Form von Banknoten, Reiseschecks, Kreditbriefen und -karten in

unbeschränkter Höhe eingeführt werden. Die Einfuhr einheimischer Währung ist ebenfalls in unbegrenzter Höhe erlaubt. Bei der Ausreise darf eine der eingeführten Summe entsprechende Menge ausländischer Devisen ausgeführt werden. Kreditkarten werden überall im Land selbst bei kleinsten Beträgen akzeptiert. Lediglich Treibstoff kann man damit nicht kaufen. Es ist erheblich günstiger, fremdländische Währung in Island umzutauschen, als im Heimatland. Tauschen Sie auf keinen Fall Ihr Geld auf der Autofähre um, der Kurs ist unverschämt schlecht! Wenn man isländische Kronen im Lande in Fremdwährung zurücktauschen will, benötigt man die Umtauschbelege.
Ausländer dürfen zollfrei pro Person neuerdings nur noch bis zu 3 kg Lebensmittel einführen, jedoch keinerlei ungekochte Fleischwaren, keine Eier und keine ungekochten Milchprodukte. Zollfrei ist weiter die Einfuhr von 1 Liter Schnaps (bis 47 % Alkohol) und 1 Liter Wein (bis 21 % Alkohol) oder von 12 Flaschen (= 6 Liter) Starkbier statt eines von beiden. In Tax-free-shops bekommt man für alle Einkäufe über 5000 ISK Steuerrückerstattungsgutscheine. Bei Vorlage der Ware und der Gutscheine kann man sich auf dem Flughafen von Keflavík einen Teil der hohen isländischen Mehrwertsteuer erstatten lassen. Reist man über andere Orte aus, kann man die Gutscheine vom Zoll abstempeln lassen, an die angegebene Adresse schicken und erhält dann eine Scheckgutschrift nach Hause.

Reisezeit
Die beste Zeit für eine Islandreise ist Anfang Juni bis Anfang September. Doch kann gerade ein Besuch im Frühjahr oder Herbst für den naturkundlich Interessierten sehr lohnend sein. Wer Vögel noch bei ihrem Brutgeschäft und somit in einer Phase gesteigerter Aktivität erleben will, sollte so früh wie möglich im Jahr fahren. Andererseits sind viele Hochlandrouten manchmal bis Mitte oder gar Ende Juli geschlossen, so daß für Unternehmungen im Inland der August interessanter ist. Mehrere Reiseveranstalter führen auch Wintertouren durch.

Anreise/Reisen im Land

Mit der Fähre
Am einfachsten ist es, mit dem Fährschiff »MS-Norönna« von Hanstholm in Norddänemark über die Färöer-Inseln nach Seyðisfjörður in Ostisland einzureisen. Die Fähre gehört der färöischen »Symril-Line«, kann 1050 Passagiere und etwa 300 Autos befördern und verkehrt zwischen Ende Mai und Ende August/Anfang September. Wenn man mit der »MS-Norönna« fährt, sollte man wissen, daß die Fahrzeugdecks konsequent beim Ablegen geschlossen und erst beim Einlaufen in den Zielhafen wieder geöffnet werden. Man muß also alle Dinge, die man auf dem Schiff benötigt (vor allem Kleidung und Hygieneartikel) sofort beim Verlassen des Wagens mit in die Kabine nehmen! Da es die einzige Autofähre ist, die Island anläuft, empfiehlt es sich, Buchungen sehr frühzeitig vorzunehmen. Adresse:
➪ J. A. Reinecke (GmbH & Co),
Hohe Bleichen 11, 2000 Hamburg 36,
Tel.: 040/35 19 51.

Der große Nachteil dieser Fährverbindung: Es dauert fast 5 Tage, bis man Island erreicht. Man muß nämlich das Schiff auf den Färöer-Inseln für $2^1/_2$ Tage verlassen, weil es zwischenzeitlich nach Norwegen fährt, und kann erst nach dieser Zeit wieder zusteigen.
Die zweite Fährverbindung ist Frederikshavn (Dänemark) – Bergen (Norwegen) – Shetland-Inseln – Färöer-Inseln – Island. Eine weitere Möglichkeit ist die Anreise mit der Fähre über Esbjerg (Dänemark) – Färöer-Inseln – Island. Die beiden letzten Verbindungen haben den Nachteil, daß man zwei verschiedene Schiffahrtslinien

in Anspruch nehmen muß; denn von den Färöern aus geht es in jedem Fall nur mit der »MS-Norönna« weiter. Die Gesamtüberfahrtsdauer ist jedoch erheblich geringer als 5 Tage. Fragen Sie bei der Reederei Reinicke nach! Wer seinen Wagen mit einem Frachtschiff überführen lassen, selbst aber fliegen möchte, kann dies von der Firma »Eimskip« besorgen lassen. Adresse:

- Eimskip Deutschland, Raboisen 5, D-2000 Hamburg; Tel.: 040/322385.

Mit dem Flugzeug

Die isländische Fluglinie **Icelandair** hält einen regelmäßigen Flugdienst von folgenden Städten des deutschsprachigen Raumes nach Reykjavík aufrecht:
Frankfurt: 1–2 Flüge/Woche,
Flugdauer: 3 Std. 45 Min.
Salzburg: 1–2 Flüge/Woche,
Flugdauer: 3 Std. 55 Min.
Hamburg: 2–3 Flüge/Woche,
Flugdauer: 3 Std. 15 Min.
Von Städten im benachbarten Ausland starten ab:
Kopenhagen: 7–10 Flüge/Woche,
Flugdauer 3 Std. 15 Min.
Amsterdam: 5–6 Flüge/Woche ,
Flugdauer 3 Std. 15 Min.
Luxemburg: 5–11 Flüge/Woche,
Flugdauer 3 Std. 40 Min.

Die **Lufthansa** fliegt zur Zeit einmal wöchentlich sonntags von Frankfurt aus, allerdings nur im Sommer.
Scandinavian Airlines System (SAS) unterhält regelmäßige Linienflüge ab Kopenhagen 2–3mal pro Woche.
Trans European Airways (TEA) fliegt im Sommer 1mal pro Woche ab Zürich.

Adressen in der Bundesrepublik Deutschland:

- Icelandair, Roßmarkt 10, D-6000 Frankfurt, Tel.: 069/299978;
- Deutsche Lufthansa AG, von-Gablenz-Straße 2–6, D-5000 Köln, Tel.: 0221/8261 oder (20824).

In Österreich:

- Icelandair, Opernring 1, Stiege R., 7 Stock, 1010 Wien 1, Tel.: 0043/1/563674.

In der Schweiz:

- Icelandair, Siewertstr. 9, 8050 Zürich, Tel.: 0041/1/3127373.

In Island:

- Icelandair, Lækjargata 2, Reykjavík, Tel.: 00354/1/690485.

Mit dem Auto

Wer die hier vorgestellten naturkundlich interessanten Gebiete, Naturreservate und Nationalparks etwa im Rahmen einer Rundreise aufsuchen will, für den ist das eigene Auto das Verkehrsmittel der Wahl. Es bietet zudem den Vorteil, daß man eine umfangreiche Camping- oder Fotoausrüstung und auch einige Lebensmittel mitnehmen kann. Das Auto bringt man über eine der oben vorgestellten Fährlinien ins Land.

Tips für Autofahrer

Island gilt als das »Land der Geländefahrzeuge« schlechthin. Und in der Tat sind die meisten Hochlandpisten und einige abgelegene, rauhe Straßen nur mit einem geländetauglichen Fahrzeug zu bewältigen. Dennoch kann man sehr viele der hier vorgestellten Reiseziele ohne Schwierigkeiten auch mit einem »normalen« PKW erreichen. Allerdings gibt es Grenzen für »Nicht-Geländewagen«. So sind viele Pisten ausdrücklich nur für vierradgetriebene Fahrzeuge zugelassen. Oft stehen entsprechende Hinweisschilder am Beginn solch schwieriger Routen. Man sollte diese Verbote sehr ernst nehmen. Befolgt man sie nicht, gerät man leicht in Schwierigkeiten. Schnell werden Rettungsaktionen notwendig, die sehr teuer sind und dem Verursacher in Rechnung gestellt werden!

Die meisten isländischen Straßen sind Schotterstraßen, nur rund 10% haben eine Teerdecke (asphaltierte Teilstücke sind aus guten Straßenkarten ersichtlich). Deshalb müssen sämtliche Fahrzeuge mit Schmutzfängern ausgerüstet sein. Scheinwerferschutzgitter und eine Folien-Ersatzwindschutzscheibe sind sinnvolles Zubehör. Wegen der starken Staubentwicklung auf Schotterstraßen ist es vorgeschrieben, auch tagsüber das Fahrlicht einzuschalten. Die Benutzung von Sicherheitsgurten ist Pflicht. Isländische Gesetze verbieten das Fahren unter Alkoholeinfluß.
Die zulässige Höchstgeschwindigkeit beträgt in Island in Ortschaften 50 km/h, auf Schotterstraßen 80 km/h und auf Asphaltstraßen 90 km/h. Bei Gegenverkehr sollte man die Geschwindigkeit senken und äußerst rechts fahren. Wegen starker Höhenunterschiede im Gelände haben isländische Straßen häufig unübersichtliche Stellen. Oft – aber nicht immer – sind solche Stellen durch ein Warnschild »Blindhæð« angekündigt. Taucht es auf, sollte man sofort langsamer fahren, genau wie vor Brücken, die fast alle einspurig sind und an deren Auf- und Abfahrten sich besonders böse Schlaglöcher befinden. Es empfiehlt sich auch, die Geschwindigkeit beim Übergang von asphaltierten zu nicht asphaltierten Straßenabschnitten zu reduzieren; hier gibt es ebenfalls häufig Schlaglöcher. Solche Übergänge sind immer durch Schilder angezeigt. Grundsätzlich sollte man alle Hinweise durch Verkehrsschilder sorgfältig beachten, vor allem auf unbekannten Strecken.

Autovermietung

Es können Fahrzeuge vom Kleinwagen bis zum geländegängigen Wohnmobil gemietet werden. Der Mieter muß den Wagen selbst fahren und mindestens 20 Jahre alt sein. Buchungen sind möglichst frühzeitig vorzunehmen. Die Preise für Mietwagen sind atemberaubend. Wer nach Island fliegen und dort einen Wagen mieten will, soll versuchen, die Buchung kombiniert mit dem Flug vom Heimatland aus vorzunehmen. Bei der Übernahme des Fahrzeugs sollte man unbedingt nachsehen, ob die Ausrüstung vollständig ist (Reservereifen, Reservekanister, Wagenheber, Werkzeug usw.) und Ölstand, Batteriewasser und Keilriemen sowie die Funktionstüchtigkeit der Beleuchtung, der Tankanzeige und des Tachometers überprüfen. Mietverträge sollte man sich sehr genau ansehen. Zum Beispiel sind in der Regel Schäden, die beim Durchqueren von Flüssen entstehen, sogar bei Abschluß einer Vollkaskoversicherung vom Mieter selbst zu bezahlen!

Radfahren

Radfahren in Island wird immer beliebter. Auch für Radfahrer gelten die Regeln für den Aufenthalt im Gelände (s. S. 30)! Die meist schwierigen Straßenverhältnisse verlangen geradezu die Anschaffung eines Mountainbikes, vor allem wenn man Hochlandpisten fahren will. Ein technisch hervorragend ausgerüstetes Rad für solche Touren zu kaufen, ist heute überhaupt kein Problem mehr. Man kann es mit der Fähre oder mit dem Flugzeug ins Land schaffen. Auch der Rest der Ausrüstung sollte schwierigen Bedingungen gewachsen sein. Für alle Gepäcktaschen und -träger gilt: Für die extremen Geländeverhältnisse in Island taugt wirklich nur das Allerbeste (s. dazu auch Ausrüstung/Kleidung)! Zur Vorbereitung einer Radtour in Island ist ein spezieller Reiseführer für Radfahrer erhältlich. Einige Reiseveranstalter haben Touren mit Mountainbikes im Programm, bei denen die Räder gestellt werden und das Gepäck mit dem Geländewagen transportiert wird. Hier einige Vorschläge zur Ausrüstung:
10 Ersatzspeichen, 2 Mäntel, 4 Schläuche, nach Möglichkeit eine nagelneue Kette, 1 Zündkerzenbürste und 1 Pinsel (für Säuberungsarbeiten), wasserdichte Gepäcktaschen, gutes Flickzeug, gutes Werkzeug (Schlüssel in den gängigsten Größen).

Hochlandpisten führen oft durch Furten. Einen Fluß sollte man nie ohne sorgfältige Prüfung durchfahren.

Reisen abseits der Hauptverkehrswege

Verläßt man die meist im Küstenbereich liegenden Hauptverkehrsstraßen, gelangt man schnell in unbewohnte, gewöhnlich hochgelegene Gebiete, in denen es in der Regel weder Tankstellen noch Geschäfte gibt. Daher sollte man auf solche Touren immer hinreichend Lebensmittel und Treibstoff mitnehmen. Zwar gibt es an manchen Stellen Hütten der isländischen Wandervereine, doch kann man sich nicht darauf verlassen, dort Unterkunft zu finden, da Mitglieder dieser Organisationen bevorzugt werden. So sollte man versuchen, Übernachtungen bei den betreffenden Vereinen im voraus zu buchen. Da die Hütten zur Hauptreisezeit fast immer stark belegt sind und man möglichweise mit sehr vielen Leuten auf engem Raum wohnen muß, sollte man sich überlegen, ob man an solchen Orten nicht besser zeltet. Dazu benötigt man jedoch eine gute Campingausrüstung (s. S. 149).

Vor einer Fahrt ins Gelände, vor allem ins Hochland, ist es wichtig, einen Reiseplan aufzustellen, die Route festzulegen und sich über den Straßenzustand und die Wetteraussichten zu informieren. Denken Sie daran, daß die Durchschnittsgeschwindigkeit auf Hochlandrouten äußerst niedrig ist! Planen Sie daher nicht zu große Tagesetappen! Vergessen Sie nicht, die wichtigsten Ersatzteile für den Wagen und warme Kleidung und Regenschutz für sich selbst mitzunehmen! Karten kann man bei den angegebenen Adressen anfordern (s. S. 150). Es gibt spezielle Reiseführer für Autotouren, in denen bestimmte, manchmal fast alle befahrbaren Strecken beschrieben sind (s. dazu Literaturliste). Der Isländische Fremdenverkehrsrat gibt eine Broschüre heraus mit dem Titel: »Reisen im isländischen Hochland«, die auf der Autofähre ausliegt.

Die Straßen sind lange schneebedeckt und häufig bis in den Sommer gefroren. Tauen sie auf, bleiben sie weiter unpassierbar. Häufig sind Hochlandstraßen nur für vierradgetriebene Fahrzeuge zugelassen. Die Inlandrouten sind nie vor Anfang Juli geöffnet, manche meist erst ab Mitte Juli, wie z. B. die Strecken Landmannalaugar–Eldgjá, Fjallabaksleið, die Sprengisandur-Route oder die Strecke zum Snæfell. Sie werden meist schon Ende August oder Anfang September wieder gesperrt. Bereisen Sie das Hochland nach Möglichkeit nicht bei schlechten Wetterverhältnissen. Der isländische Rundfunk sendet jeden Morgen um 7.30 Uhr Nachrichten und Wettervorhersagen in englischer Sprache auf Kanal 1, UKW, und LW, 209 kHz.

Fahren Sie bei schwierigen Straßenverhältnissen auf Inlandpisten nie allein! Im Zweifelsfall warten Sie, bis sich ein Autokonvoi zusammenfindet! Informieren Sie sich vor Antritt einer Reise genau über die Öffnungszeiten der Hochlandstraßen! Befahren Sie niemals eine nicht geöffnete Straße! Seit dem Sommer 1989 gibt das Staatliche Straßenbauamt gemeinsam mit dem Isländischen Naturschutzrat Karten über den Zustand von Straßen und beliebten Rastplätzen im Hochland heraus. Diese wöchentlichen Veröffentlichungen sind in allen Touristenzentren erhältlich. Alle Reisenden sind dringend aufgefordert, sich danach zu richten.

Im übrigen ist es zu Ihrer eigenen Sicherheit und zur Vermeidung ökologischer Schäden strikt verboten, die gekennzeichneten Fahrspuren zu verlassen und im Gelände umherzufahren! Island ist kein

Abenteuerland für Off-Road-Desperados! Die Polizei kontrolliert den Verkehr, auch aus der Luft, und ahndet Verstöße mit drastischen Bußgeldern.
Hochlandpisten führen häufig über Flüsse ohne Brücken. Durchfahren Sie niemals einen Fluß, ohne die Furt vorher zu durchwaten! Gehen Sie dabei gegen die Strömung und benutzen Sie gegebenenfalls einen Stock, um sich abzustützen! Achten Sie darauf, daß Sie nicht zuviel riskieren und ins Wasser fallen! Wer in Gletscherwasser mit Temperaturen knapp über dem Gefrierpunkt fällt, kann schnell ertrinken. Können Sie einen Fluß nicht durchwaten, sollten Sie ihn auch nicht zu durchfahren versuchen. Das Wichtigste bei Flußdurchfahrten: Luftansaugstutzen und Turbolader müssen immer über Wasser sein! Nicht der direkte Weg zum anderen Ufer ist der beste. Oft ist eine Durchfahrt in der geraden Linie stark ausgeschwemmt, wohingegen der Wasserstand ein wenig flußauf- und abwärts erheblich flacher sein kann. Man fährt also am besten in einem Bogen mit der Strömung ans gegenüberliegende Ufer. Dabei immer den kleinsten Gang einlegen, zügig und hochtourig fahren und nie im Fluß schalten!
Sollten Sie trotz aller Vorsichtsmaßnahmen in einem Fluß steckenbleiben, lassen Sie, solange kein Wasser angesaugt wird, den Motor laufen, bis Hilfe kommt! Halten Sie die wichtigsten Ausrüstungsgegenstände und Ihre Papiere bereit für den Fall, daß Sie den Wagen verlassen müssen! Schalten Sie dann den Motor aus!
Verlassen Sie Ihr Fahrzeug nur nach Abwägung aller Umstände und gehen Sie nie allein ins Gelände! Hinterlassen Sie in diesem Fall im Wagen eine Mitteilung mit Namen, Anzahl und Alter der betroffenen Personen! Schreiben Sie auf, wann Sie das Fahrzeug verlassen und welche Richtung Sie eingeschlagen haben! Halten Sie nach Rettungsmannschaften Ausschau!
In vielen Gegenden des Hochlandes und an der Küste stehen Rettungshütten der Isländischen Lebensrettungsgesellschaft. Sie sind **ausschließlich** für in Not geratene Seeleute und Reisende vorgesehen. Jede andere Nutzung dieser Hütten ist streng verboten. Nahrungsmittel und Notfunkgeräte in den Hütten dürfen nur im wirklichen Notfall gebraucht werden. Verstöße gegen diese Anweisung werden bestraft. Wenn Sie Reisen in abgelegene Gebiete oder Bergtouren unternehmen, hinterlegen Sie beim jeweiligen Zeltplatz- oder Naturschutzwart Angaben über die geplante Route, Ausweichroute und den voraussichtlichen Zeitpunkt der Rückkehr! Vergessen Sie nie, sich zurückzumelden!

Sonstiges

Telefon

Man kann jede Nummer im Ausland von Postämtern, Telefonzellen oder Münzfernsprechern in öffentlichen Gebäuden, Hotels oder Geschäften selbst anwählen. Unverständlicherweise akzeptieren ausgerechnet die alten Apparate 50-Kronen-Münzen, die modernen jedoch höchstens 10-Kronen-Stücke. Halten Sie daher reichlich Kleingeld bereit! Post- und Telefonämter sind erkennbar an der Bezeichnung »póstur og sími«. Die **Vorwahlnummern** sind:

- für die Bundesrepublik Deutschland: 9049,
- für Österreich: 9043,
- für die Schweiz: 9041,
- für Island: 00354.

Wie international üblich, ist nach der Auslandsvorwahl jeweils die erste Ziffer der Ortsnetzkennzahl wegzulassen, bei Telefonaten in die Bundesrepublik Deutschland also die 0.

Ausrüstung und Kleidung

Wenn Sie an einer geführten Zelttour teilnehmen, wird die Ausrüstung – ohne Schlafsack – gewöhnlich vom Ausrichter

gestellt. Sind Sie jedoch auf eigene Faust unterwegs, sollten Sie einiges über eine gute Ausrüstung wissen. Island hat eigentlich ein relativ mildes Klima. Dennoch können im Hochland und an der Küste extreme Wetterbedingungen auftreten, vor allem Stürme, Sandstürme, heftige Regenfälle und Temperaturstürze. Wenn Sie entlegenere Gebiete aufsuchen wollen, sollte daher für die Ausrüstung gelten: Das Beste ist gerade gut genug! Unbedingt mitnehmen sollten Sie ein wasserdichtes und sturmsicheres Leichtgewichtzelt mit Ersatzheringen und -schnüren. Das Zelt sollte so konstruiert sein, daß das Innenzelt nicht naß wird, wenn man gezwungen ist, es im Regen auf- oder abzubauen.
Weiter sollten sie dabeihaben: eine Unterlage (Luftmatratze oder Schaumgummimatte), einen Schlafsack (Daune oder Kunstfaser in gehobener Qualität), der in jedem Fall auch für Temperaturen unter 0 °C geeignet ist. Verlassen Sie sich dabei nicht auf die Herstellerangaben zum Einsatzbereich des Schlafsacks, die meist sehr großzügig gehandhabt werden. Für Island sollte schon eine Eignung von –10 °C bis –15 °C angegeben sein. Wichtig ist ein Kocher (eventuell mit Ersatzbrenner), der mit Benzin- oder Spiritus laufen sollte. Gaskocher sind ungeeignet, weil Gaskartuschen nicht im Flugzeug transportiert werden dürfen und im Lande schlecht zu besorgen sind. Vergessen Sie nicht, Besteck und Kochgeschirr mitzunehmen.
Wenn man im Inland wandern will, kommt man nicht darum herum, einen Rucksack gehobener Qualität mitzunehmen. Unerläßlich sind gute Bergschuhe oder Gummistiefel, je nachdem, welche Art Touren man unternimmt, und Wollsocken. Wichtig ist warme Kleidung, die leicht und schnell zu trocknen sein soll, also auf keinen Fall aus Baumwolle bestehen darf. Eine wind- und wasserdichte Jacke (und eventuell auch Hose) sollte ebenfalls nicht fehlen. Sämtliche Ausrüstungsgegenstände sollten vor Beginn der Reise auf ihre Tauglichkeit hin überprüft werden.
Ein leistungsstarkes Fernglas oder Fernrohr, möglichst mit Stativ, ist sehr hilfreich, wenn man Vögel im Gebiet beobachten will.

Kartenmaterial
Landkarten sind in Island in Buchläden, an Tankstellen und in den Touristeninformationsbüros größerer Städte erhältlich. Wer seine Tour gründlich vorbereiten will, kann Kartenmaterial und einen Katalog mit Übersichts- und Spezialkarten beim Isländischen Landvermessungsamt bestellen:

- ➪ Landmælingar Íslands, Laugarvegi 178, 105 Reykjavík, Tel.: 00354/1/681611.

In Deutschland können die Karten und Kataloge bezogen werden bei:

- ➪ Arktis Verlag Schehle, Memminger Straße 71–75, D-8960 Kempten/Allgäu, Tel.: 0831/21049;
- ➪ Nordis Buch- und Landkartenhandel, Böttgerstr. 9, D-4019 Monheim, Tel.: 02173/54278.

Unterkunftsmöglichkeiten in Island

Camping
In Island gibt es mindestens 96 offizielle Campingplätze (1991), die gewöhnlich von Anfang Juni bis Anfang September geöffnet sind. Sie sind unregelmäßig über die ganze Insel verteilt – im Inland erheblich seltener als an der Küste – und von recht unterschiedlicher Qualität und Ausrüstung. Sie werden von mehreren Organisationen unterhalten, die geringfügig unterschiedliche Gebühren verlangen. Eine Übernachtung kostet ungefähr 10,- DM pro Person. Eine umfangreiche Broschüre mit allen registrierten Campingplätzen und deren Ausstattung und Jahresöffnungszeiten ist erhältlich beim Fremdenverkehrsamt in Frankfurt oder bei folgenden Vereinigungen:

- Ferðamálaráð Íslands (Iceland Tourist Board), Laugarvegur 3, Reykjavík;
- Campsite Association, c/o Pétur Hannesson, Skúlatún 2, IS-105 Reykjavík, Tel.: 00354/1/18000.

Zelten ist in Island fast überall dort erlaubt, wo es nicht ausdrücklich verboten ist. Man sollte jedoch auf dem Lande die Zustimmung des ansässigen Bauern einholen, bevor man sein Zelt aufbaut. An einige Orten, etwa im Mývatn-Gebiet, ist campen nur innerhalb gekennzeichneter Areale erlaubt. »Zelten verboten« heißt auf isländisch »Tjalstæði bönnuð«.

Jugendherbergen

Es gibt 20 Jugendherbergen (1991) mit mehr als 600 Betten. Der Reisende muß selbst kochen, eine Bewirtschaftung gibt es nicht. Ein Leinenschlafsack kann ausgeliehen, aber auch mitgebracht werden. In den isländischen Jugendherbergen gibt es keine Altersbeschränkung. Eine Broschüre mit Beschreibungen der einzelnen Häuser und Informationen über Ausflugsfahrten in Verbindung mit Jugendherbergen ist zu beziehen beim Isländischen Fremdenverkehrsamt in Frankfurt (Adresse s. S. 144) oder bei:

- Bandalag Íslenskra Farfugla, Laufásvegur 41, P. O. Box 1045, 121 Reykjavík, Tel.: 00354/1/10490.

Edda-Hotels

Es gibt insgesamt 17 Edda-Hotels (1991), die meist entlang der Ringstraße liegen. Mit Ausnahme zweier Häuser, die ganzjährig geöffnet sind, handelt es sich um Sommerhotels; im Winter dienen sie als Internatsschulen. Der Standard ist ordentlich, der Preis mit 85,– DM pro Nacht für ein Einzel- und 110,– DM für ein Doppelzimmer für isländische Verhältnisse erschwinglich. Es werden auch – selbstverständlich billigere – Schlafsackunterkünfte für Rucksackwanderer angeboten. Informationen und Buchungsgutscheine können bezogen werden bei:

- Ferðaskristofa Íslands (Iceland Tourist Bureau), Skógarhlíð 18, 101 Reykjavík, Tel.: 00354/1/25855.

Iceclass Hotels

Dabei handelt es sich eine Kooperation isländischer Hotels, die ganzjährig geöffnet sind. Die zentrale Buchungsstelle ist:

- Iceclass, Rautharárstigur 18, IS-105 Reykjavík, Tel.: 00354/1/17416.

Ferien auf dem Bauernhof

Ferien auf dem Bauernhof werden in letzter Zeit immer beliebter. Fast 100 Bauernhöfe und Farmen bieten Unterkunft und Bewirtung an. Daneben findet der Gast in der Regel ein umfangreiches touristisches Angebot vor: Angeln, Bootsfahren, Reiten, Baden und Gletschertouren. Informationen und Buchungen bei:

- Ferðaþjónusta Bænda (Farm Holiday Tourist Service), Hagatork, 107 Reykjavík, Tel: 00354/1/62340 oder 00354/1/19200.

Fotografieren

Es gibt sicher nur wenige Länder auf dieser Erde, die sich in der Faszination, die sie auf Naturfotografen ausüben, mit Island messen können. Nicht nur die außergewöhnlichen Motive sind überwältigend, Lichtverhältnisse und Wolkenformationen verleihen vielen Fotos eine geradezu dramatische Ausstrahlung. Die isländische Luft ist klar und sauber und erlaubt oft eine großartige Fernsicht. Sie sorgt für hohe Brillanz und Farbsättigung auf Fotos.
Es ist allerdings nicht immer einfach, zu befriedigenden Bildern zu kommen! Fotografieren geht hier plötzlich ganz anders. Die Landschaftsfotografie etwa, bei der es gewöhnlich sehr geruhsam zugeht, verwandelt sich nicht selten in aufregende Reportagefotografie: Ein Landstrich liegt im Dauerregen unter einer geschlossenen Wolkendecke. Plötzlich hört es auf zu reg-

Eine Skua attackiert einen Fotografen. Wenn Sie von Vögeln so angegriffen werden, sind Sie im Brutrevier. Ziehen Sie sich sofort zurück!

nen, ein Sonnenstrahl durchdringt das graue Einerlei und setzt einen bildwichtigen Teil ins »rechte Licht« – eine Bergspitze, einen Gletscher, einen Flußlauf oder einen Strandabschnitt. Dann heißt es, in Windeseile das Stativ aufbauen, die Kamera aufsetzen, die richtige Brennweite wählen, den Bildausschnitt festlegen, gegebenenfalls einen Filter aufzuschrauben . . .; und gerade wenn man bereit ist, den Auslöser zu drücken, ist das Licht weg, und es regnet wieder. Ist das Wetter wechselhaft, nutzen Sie jede Chance zu fotografieren! Es kann sein, daß Lichtstimmungen nie wiederkehren, oder erst, wenn man längst weitergefahren ist. Arbeiten Sie schnell und zielstrebig, nicht hektisch! Das alles erübrigt sich natürlich bei stabilen Wetterlagen, die es auch in Island gibt. Damit Ihr Trip nach Island auch fotografisch ein Erfolg wird, hier einige Tips:

□ Packen Sie doppelt so viele Filme ein, wie Sie eigentlich belichten wollen! Es gibt immer wieder neue Motive. Filme kann man in Island zwar nachkaufen, aber das ist überaus teuer. Sie kosten 3–4mal so viel wie in Deutschland!

□ Nehmen Sie Filme unterschiedlicher Empfindlichkeit mit! Wenn die Sonne scheint, bringt sogar der Kodachrome 25 genügend kurze Verschlußzeiten. Oft ist es trübe und neblig, dann hilft ein 200-ASA-Film sehr.

□ Bringen sie mindestens zwei Kameragehäuse mit! Hohe Luftfeuchtigkeit und der Kontakt mit Salzwasser und Sand haben hier manchem Fotoapparat den Garaus gemacht. Und solange beide Gehäuse funktionieren, kann man sie mit Filmen verschiedener Empfindlichkeit laden.

□ Packen Sie reichlich passende Batterien für Ihre Kamera ein. Sie sind in Island nicht immer zu bekommen, vor allem wenn es sich um ungewöhnliche Typen handelt. Und in der Wildnis kann man überhaupt keine kaufen, da sollte man sie im Fotokoffer haben.

□ Schützen sie Kameras und Objektive vor allem vor Sand und Staub; am besten bewahren Sie sie in einem staubdichten Fotokoffer auf. Wenn Sie so etwas nicht haben, stecken Sie die gesamte Ausrüstung in einen dichten Plastiksack! Fotokoffer oder -tasche sollten mit Schaumgummi ausgelegt sein, weil Ihre Ausrüstung auf sämtlichen Straßen, mit Ausnahme der kurzen asphaltierten Stücke, pausenlos durchgerüttelt wird. Stecken Sie einen Satz Uhrmacherschraubenzieher ein, damit sie losgerüttelte Schrauben wieder festziehen können!

□ Ein Vorschlag für eine Objektivpalette: 1 Weitwinkel- und 1 Normalobjektiv für Landschaftsaufnahmen; 1 Zoom-Objektiv 70–200 mm für große Tiere und zahme Vögel; ein langes Teleobjektiv (ab 300 mm bis 600 mm) für kleine Vögel und scheue Tiere.

□ Ein möglichst schweres Stativ, sofern es im Fluggepäck Platz findet, empfiehlt sich für jede Art von Fotografie, also auch hier.

□ Bereiten Sie sich mit Hilfe von Literatur über Reise- und Naturfotografie gut vor! Geeignete Bücher finden Sie in der Literaturliste.

Abendstimmung an der Nordküste Islands.

□ Schonen Sie Tiere, Pflanzen und Landschaft! Fahren Sie nicht abseits der Pisten! Beunruhigen Sie keine Tiere, vertreiben Sie keine Vögel von ihren Nestern!

ACHTUNG: Folgende Arten dürfen in Island nur mit einer Sondergenehmigung am Nest fotografiert werden: Seeadler, Gerfalke, Schnee-Eule und Krabbentaucher.
Verstöße werden streng geahndet.

Wichtige Adressen

Diplomatische Vertretungen Islands:

- Isländische Botschaft, Kronprinzenstraße 6, 5300 Bonn 2, Tel.: 0228/364021.
- Generalkonsulat Dr. Cornelia Schubrig, Naglergasse 2/5, Ecke Graben, A-1010 Wien, Tel.: 01/1/5332498.
- Konsulat Vinzenz Losinger, Koeninzstraße 74, CH-3001 Bern, Tel.: 031/452211.
- Permanent Mission of Iceland, 9–11 rue de Varembé, Case postale 86, CH-1211 Genéve 20, Tel.: 022/340228.

Diplomatische Vertretungen in Island:

- Botschaft der Bundesrepublik Deutschland, Túngata 18, 101 Reykjavík, Tel.: 00354/1/19535-19536.
- Generalkonsulat der Republik Österreich, Austurstræti 17, 101 Reykjavík, Tel.: 00354/1/24209.
- Konsulat der Schweiz, Austurstræti 6, 101 Reykjavík, Tel.: 00354/1/24209.

Freundeskreise für Islandbegeisterte:

- Gesellschaft der Freunde Islands e. V., Raboisen 5–13, 2000 Hamburg 1, Tel.: 040/336696.
- Deutsch-Isländische Gesellschaft e. V., Apostelnstraße 7, 5000 Köln 1, Tel.: 0221/217236.
- Deutsch-Isländische-Gesellschaft in der Rheinisch-Westfälischen-Auslandsgesellschaft, Leiter: Karl Arnold Sträter, Am Gulloh 42, 4600 Dortmund 16, Tel.: 0231/802091.
- Deutsch-Isländische Gesellschaft Bremerhaven/Bremen e. V., c/o Wirtschaftsförderungsgesellschaft (WFG) der Freien Hansestadt Bremen GmbH, Außenstelle Bremerhaven, Bürgermeister-Smidt-Str. 31, 2850 Bremerhaven, Tel.: 0471/47031.

Anhang

Literatur

BÁRÐARSON, H. R. (1987): Vögel Islands. Eigenverlag, Reykjavík.
BLÖNDAL, S. (1987): Afforestation and Reforestation in Iceland. Arctic and Alpine Research, Vol. 19, S. 526–529, Colorado.
CARWARDINE, M. (1986): Iceland - Nature's Meeting Place. Iceland Review, Reykjavík.
FERGUSON-LEES, J. u. I. WILLIS (1991): Vögel Mitteleuropas. BLV Verlagsgesellschaft, München.
GLÄSSER, E. u. A. SCHNÜTGEN (1986): Island. Wissensch. Länderkunden Bd. 28. Wissenschaftliche Buchgesellschaft, Darmstadt.
GLAWION, R. (1985): Die natürliche Vegetation Islands als Ausdruck des ökologischen Raumpotentials. Ferdinand Schöningh, Paderborn.
GUÐMUNDSSON, A. T. u. H. KJARTANSSON (1984): Wegweiser durch die Geologie Islands. Bókaútgafen Örn og Örligyr hf., Reykjavík.
HB-NATURMAGAZIN (1987): Island. HB Verlags- und Vertriebsgesellschaft mbH, Hamburg.
JAHNS, H. M. (1987): Farne – Moose – Flechten. BLV Verlagsgesellschaft, München, Wien, Zürich.
JANTZEN, H. u. F. (1988): Island – Landschaften, Pflanzen- und Tierwelt. Landbuch-Verlag, Hannover.
KRISTINSSON, H. (1991): Die Blütenpflanzen und Farne Islands. Bókaútgafan Örn og Örligyr hf., Reykjavík.
NETTLESHIP, D. u. R. BIRKHEAD (1985): The Atlantic Alcidae. Academic Press London, San Diego, New York, Berkeley, Boston, Sydney, Tokyo, Toronto.
PETERSON, R. T., MOUNTFORT, G. u. P. A. D. HOLLOM (1985): Die Vögel Europas. Verlag Paul Parey, Hamburg.
SCHMIDT, F.-U. (1990): Island – Naturkundlicher Reiseführer Nr. 1. Verlag Natur-Studienreisen, Northeim.
SCHNÜTGEN, A. (1988): Island. Vulkaninsel zwischen Europa und Amerika. DuMont Buchverlag, Köln.
SCHUTZBACH, W. (1985[3]): Island. Feuerinsel am Polarkreis. Ferdinand Dümmlers Verlag, Bonn.
SCHWARZBACH, M. (1975): Geologenfahrten in Island. Karawane Verlag, Ludwigsburg.
STEINDÓRSSON, S. (1988): Island. Straßenführer. Bókaútgafan Örn og Örligyr hf., Reykjavík.
THANNHEISER, D. u. a. (1983): Island. Unterlagen zur Vorlesung (Island) im Wintersemester 1985/86. Institut f. Geographie u. Wirtschaftsgeographie der Universität Hamburg, Hamburg.
TIMMERMANN, G. (1938): Die Vögel Islands. Societas Scientiarium Islandica Nr. 21/24. Ísafoldarprentsmiðja hf., Reykjavík.
WIKTORIN, K. (1989): Island erfahren. Lundipress-Verlag, Eichstätt.

Hinweise zur Aussprache des Isländischen
(aufgeführt sind nur die allerwichtigsten Ausspracheregeln)

á	= au, wie in »Frau«
a	= a, lang wie in »Kater«
é	= ähnlich ä, wie in »jäh«
e	= e, kurz wie in »Bett«
ý, í	= langes i, wie in »Schmied«
y, i	= kurzes i, wie in »hin«
ó	= langes o, wie in englisch »so«
o	= kurzes o, wie in »doch«
ö	= ö, wie in »Löffel«
ú	= langes u, wie in »du« oder »Mut«
u	= kurz, ein Laut zwischen »ü und »ö«
au	= öi
Æ, æ	= ai, wie in »Streit«
ei, ey	= ei, wie in englisch »say« oder »grey«
Ð, ð	= wie ein weiches und stimmhaftes englisches th«, etwa in »father« oder »that«
Þ, . . .	= wie ein stimmloses englisches »th«, etwa in »think«
hv	= wie »kw« in »Quelle«
ll, rl	= dl
nn, rn	= dn
fl	= pl
fn	= bn oder pn
pt	= ft

Im Isländischen wird immer die erste Silbe betont.

Wörterbuch
deutscher Name/ wissenschaftlicher Name

Säugetiere
Bartrobbe / Erignathus barbatus
Blauwal / Balaenoptera musculus
Delphin / Delphinus delphi
Eisbär / Thalarctos maritimus
Eisfuchs (=Polarfuchs) / Alopex lagopus
Eismeer-Ringelrobbe / Pusa hispida
Finnwal / Balaenoptera physalus
Grindwal / Globicephala melaena
Grönlandwal / Balaena mysticetus
Hausmaus / Mus musculus
Hausratte / Rattus rattus
Kegelrobbe / Halichoerus grypus
Klappmütze / Cystophora cristata
Nerz (=Amerikanischer Nerz=Mink) / Mustela vison
Pottwal / Physeter macrocephalus
Rentier (=Ren) / Rangifer tarandus
Sattelrobbe / Pagophilus groenlandicus
Schweinswal / Phocaena phocaena
Schwertwal / Orcinus orca
Seehund / Phoca vitulina
Seiwal / Balaenoptera borealis
Waldmaus / Apodemys sylvaticus
Walroß / Odobenus rosmarus
Wanderratte / Rattus norvegicus
Zwergwal / Balaenoptera acutorostrata

Vögel
Alpenschneehuhn / Lagopus mutus
Alpenstrandläufer / Calidris alpina
Amsel / Turdus merula
Austernfischer / Haematopus ostralegus
Bachstelze / Motacilla alba
Baßtölpel / Sula bassana
Bekassine / Gallinago gallinago
Bergente / Aythya marila
Bergfink / Fringilla montifringilla
Birkenzeisig / Acanthis flammea
Bläßgans / Anser albifrons
Bläßhuhn / Fulica atra
Bruchwasserläufer / Tringa glareola
Buchfink / Fringilla coelebs
Dickschnabellumme / Uria lomvia
Dreizehenmöwe / Rissa tridactyla
Eiderente / Somateria mollissima
Eisente / Clangula hyemalis
Eismöwe / Larus hyperboreus
Eissturmvogel / Fulmarus glacialis
Eistaucher / Gavia immer
Gänsesäger / Mergus merganser
Gerfalke / Falco rusticolus
Goldregenpfeifer / Pluvialis apricaria
Graugans / Anser anser
Große Raubmöwe (=Skua) / Stercorarius skua
Großer Brachvogel / Numenius arquata
Gryllteiste / Cepphus grylle
Haussperling / Passer domesticus
Heringsmöwe / Larus fuscus
Kiebitz / Vanellus vanellus
Knutt / Calidris canutus
Kolkrabe / Corvus corax
Kormoran / Phalacrocorax carbo
Krabbentaucher / Alle alle
Kragenente / Histrionicus histrionicus
Krähenscharbe / Phalacrocorax aristotelis
Krickente / Anas crecca
Kurzschnabelgans / Anser brachyrhynchus
Küstenseeschwalbe / Sterna paradisaea
Lachmöwe / Larus ridibundus
Löffelente / Anas clypeata
Mantelmöwe / Larus marinus
Meerstrandläufer / Calidris maritima
Merlin / Falco columbarius
Mittelsäger / Mergus serrator
Odinshühnchen / Phalaropus lobatus
Ohrentaucher / Podiceps auritus
Papageitaucher / Fratercula arctica
Pfeifente / Anas penelope
Pfuhlschnepfe / Limosa lapponica
Prachteiderente / Somateria spectabilis
Rauchschwalbe / Hirundo rustica
Regenbrachvogel / Numenius phaeopus
Reiherente / Aythya fuligula
Riesenalk (ausgestorben) / Pinguinus impennis
Ringelgans / Branta bernicla
Ringeltaube / Columba palumbus
Rotdrossel / Turdus iliacus
Rotschenkel / Tringa totanus
Samtente / Melanitta fusca
Sanderling / Calidris alba
Sandregenpfeifer / Charadrius hiaticula
Schellente / Bucephala clangula
Schmarotzerraubmöwe / Stercorarius parasiticus
Schnatterente / Anas strepera
Schneeammer / Plectrophenax nivalis
Schnee-Eule / Nyctea scandiaca
Schwarzschnabel-Sturmtaucher / Puffinus puffinus
Seeadler / Haliaeëtus albicilla
Silbermöwe / Larus argentatus
Singschwan / Cygnus cygnus
Skua (=Große Raubmöwe) / Stercorarius skua
Spatelente / Bucephala islandica
Spießente / Anas acuta
Star / Sturnus vulgaris
Steinschmätzer / Oenanthe oenanthe
Steinwälzer / Arenaria interpres
Sterntaucher / Gavia stellata
Stockente / Anas platyrhynchos
Sturmmöwe / Larus canus
Sturmschwalbe / Hydrobates pelagicus
Sumpfohreule / Asio flammeus
Tafelente / Aythya ferina
Thorshühnchen / Phalaropus fulicarius
Tordalk / Alca torda
Trauerente / Melanitta nigra
Trauerseeschwalbe / Chlidonias niger
Trottellumme / Uria aalge
Türkentaube / Streptopelia decaocto
Uferschnepfe / Limosa limosa
Wacholderdrossel / Turdus pilaris
Wasserralle / Rallus aquaticus
Weißwangengans / Branta leucopsis
Wellenläufer / Oceanodroma leucorhoa
Wiesenpieper / Anthus pratensis
Zaunkönig / Troglodytes troglodytes

Fische
Aal (=Europäischer Flußaal) / Anguilla anguilla
Atlantischer Heilbutt / Hippoglossus hippoglossus
Dreistacheliger Stichling / Gasterosteus aculeatus
Forelle / Salmo trutta
Grönlandhai / Somniosus microcephalus
Hering / Clupea harengus
Kabeljau / Gadus morhua
Köhler / Pollachius virens
Lachs / Salmo salar
Lodde / Mallotus villosus
Polardorsch / Boreogadus saida
Saibling / Salvelinus alpinus
Schellfisch / Melanogrammus aeglefinus
Schwarzer Heilbutt / Reinhardtius hippoglossoides
Wittling / Merlangius merlangus

Wirbellose
Abgestutzte Sandklaffmuschel / Mya truncata
Erbsenmuschel / Pisidium spec.
Große Miesmuschel / Modiolus modiolus
Kammuschel / Pecten spec.
Kleine Strandschnecke / Littorina saxatilis
Kriebelmücke / Simulium spec.
Miesmuschel / Mytilus edulis
Nordische Purpurschnecke / Nucella lapillus
Stumpfe Strandschnecke / Littorina obtusata
Wellhornschnecke / Buccinum undatum
Zuckmücke / Chironomidae

Pflanzen (einschließlich Algen, Pilze und Flechten)
Ackerkratzdistel / Cirsium arvense
Ackerschachtelhalm / Equisetum arvense
Alaskalupine / Lupinus nootkatensis
Alpenfrauenmantel / Alchemilla alpina
Alpenhornkraut / Cerastium alpinum
Alpenpechnelke (=Alpenlichtnelke) / Lychnis alpina (=Viscaria alpina)
Alpenehrenpreis / Veronica alpina
Alpenhelm / Bartsia alpina
Alpenrispengras / Poa alpina
Alpenlieschgras / Phleum alpinum
Arktische Grauweide / Salix callicarpaea
Arktischer Augentrost / Euphrasia arctica
Arktischer Mohn / Papaver radicatum
Arktisches Weidenröschen / Epilobium latifolium
Babingtons Melde / Atriplex glabriuscula
Bachnelkenwurz / Geum rivale
Bachsteinbrech / Saxifraga rivularis
Bergheide / Phyllodoce coerulea
Besenheide / Calluna vulgaris
Birkenpilz / Leccinum scabrum
Blasentang / Fucus cf. vesiculosus
Borstgras / Nardus stricta
Brauner Streifenfarn / Asplenium trichomanes
Eberesche / Sorbus aucuparia
Echtes Mädesüß / Filipendula ulmaria
Echte Engelwurz / Angelica archangelica
Echter Baldrian / Valeriana officinalis
Echtes Fettkraut / Pinguicula vulgaris
Echtes Labkraut / Galium verum
Einbeere / Paris quadrifolia
Einblütiges Leimkraut / Silene uniflora
Einjähriges Rispengras / Poa annua
Fadenblättriges Laichkraut / Potamogeton filiformis
Feldenzian / Gentianella campestris
Felsenschaumkresse / Cardaminopsis petraea
Fetthennensteinbrech / Saxifraga aizoides
Fieberklee / Menyanthes trifoliata
Frühblühender Thymian / Thymus praecox
Gänsefingerkraut / Potentilla anserina
Geflecktes Knabenkraut / Dactylorhiza maculata
Gewöhnliche Grasnelke / Armeria maritima
Gewöhnliche Melde (= Nordische Melde) / Atriplex longipes
Gewöhnlicher Frauenmantel / Alchemilla vulgaris
Gewöhnlicher Teufelsabbiß / Succisa pratensis
Gewöhnlicher Wassernabel / Hydrcotyle vulgaris

Gewöhnliches Fettkraut / **Pinguicula vulgaris**
Gewöhnliches Ruchgras / **Anthoxanthum odoratum**
Gletscherhahnenfuß / **Ranunculus glacialis**
Großer Ampfer (=Sauerampfer) / **Rumex acetosa**
Großes Zweiblatt / **Listera ovata**
Grüne Hohlzunge / **Coeloglossum viride**
Haarblättriger Hahnenfuß / **Ranunculus trichophyllus**
Hausampfer / **Rumex longifolius**
Heidelbeere (=Blaubeere) / **Vaccinium myrtillus**
Herbstlöwenzahn / **Leontodon autumnalis**
Immergrüne Bärentraube / **Arctostaphylos uva-ursi**
Islandknöterich / **Koenigia islandica**
Isländisches Habichtskraut / **Hieracium islandicum**
Kleines Wintergrün / **Pyrola minor**
Kleiner Ampfer / **Rumex acetosella**
Kleiner Klappertopf / **Rhinanthus minor**
Kleine Simsenlilie (=Simsenlilie) / **Tofieldia pusilla**
Kleinfrüchtige Moosbeere / **Vaccinium microcarpum**
Knöllchenknöterich / **Polygonum viviparum**
Knöllchenschwingel (=Viviparer Schwingel) / **Festuca vivipara**
Korallenwurz / **Corallorhiza trifida**
Krautweide / **Salix herbacea**
Meersenf / **Cakile maritima**
Mertensie / **Mertensia maritima**
Mierenblättriges Weidenröschen / **Epilobium alsinifolium**
Mondraute / **Botrichium lunaria**
Moorbirke / **Betula pubescens**
Moorsteinbrech / **Saxifraga hirculus**
Nickender Steinbrech / **Saxifraga cernua**
Nickendes Wintergrün / **Pyrola secunda**
Niederliegende Alpenheide / **Loiseleuria procumbens**
Nordisches Labkraut / **Galium boreale**
Preiselbeere / **Vaccinium vitis-idaea**
Rasensteinbrech / Saxifraga rosacaea
Rauschbeere / **Vaccinium uliginosum**
Rippenfarn / **Blechnum spicant**
Rosenwurz / **Sedum roseum**
Roter Steinbrech / **Saxifraga oppositifolia**
Roter Schwingel / **Festuca rubra**
Rotes Straußgras / **Agrostis capillaris**
Rundblättrige Glockenblume / **Campanula rotundifolia**
Rundblättriger Sonnentau / **Drosera rotundifolia**
Salzmiere / **Honckenya peploides**
Säuerling / **Oxyria digyna**
Schafgarbe / **Achillea millefolium**
Scharfer Hahnenfuß / **Ranunculus acer**
Scharfer Mauerpfeffer / **Sedum acre**
Scheuchzers Wollgras / **Eriophorum scheuchzeri**
Schmalblättriges Weidenröschen / **Epilobium angustifolium**
Schmalblättriges Wollgras / **Eriophorum angustifolium**
Schnee-Enzian / **Gentiana nivalis**
Schneesteinbrech / **Saxifraga nivalis**
Schwarze Krähenbeere / **Empetrum nigrum**
Schwedischer Hartriegel / **Cornus suecica**
Siebenstern / **Trientalis europaea**
Silberwurz / **Dryas octopetala**
Simsenlilie (=Kleine Simsenlilie) / **Tofieldia pusilla**
Steifer Schöterich / **Erysimum hieracifolium**
Steinbeere / **Rubus saxatilis**
Stengelloses Leimkraut / **Silene acaulis**
Sternsteinbrech / **Saxifraga stellaris**
Strahlenlose Kamille / **Matricaria matricarioides**
Strandwegerich / **Plantago maritima**
Strandkamille / **Matricaria maritima**
Strandroggen / **Leymus arenarius**
Sumpfdotterblume / **Caltha palustris**
Sumpfherzblatt / **Parnassia palustris**
Sumpfblutauge / **Potentilla palustris**
Sumpfvergißmeinnicht / **Myosotis palustris**
Sumpfschachtelhalm / **Equisetum palustre**
Tannenwedel (=Gewöhnlicher Tannenwedel) / **Hippuris vulgaris**
Viviparer Schwingel (=Knöllchenschwingel) / **Festuca vivipara**
Vogelwicke / **Vicia cracca**
Wacholder / **Juniperus communis**
Waldengelwurz / **Angelica sylvestris**
Waldsauerklee / **Oxalis acetosella**
Waldstorchschnabel / **Geranium sylvaticum**
Weißes Straußgras / **Agrostis stolinifera**
Weißklee / **Trifolium repens**
Weißzüngel / **Pseudorchis albida**
Westliche Kuckucksblume / **Platanthera hyperborea**
Wiesenplatterbse / **Lathyrus pratensis**
Wiesenschachtelhalm / **Equisetum pratense**
Wiesenrispengras / **Poa pratensis**
Wollige Weide / **Salix lanata**
Wurzelnder Sumpfhahnenfuß / **Ranunculus reptans**
Zackenmützenmoos / **Rhacomitrium spec.**
Zweifarbige Weide / **Salix phylicifolia**
Zwergbirke / **Betula nana**
Zwerghahnenfuß / **Ranunculus pygmaeus**

Register

Fett gedruckte Seitenzahlen verweisen auf Abbildungen, schräg gedruckte auf Essays (im Text blau unterlegt). Seitenzahlen mit dem Zusatz »ff.« bezeichnen den Beginn eines Hauptreiseziels.

Pflanzen und Tiere

Orte, Sachbegriffe und Personen